GW01605324

PERLAS
DE SABIDURÍA

Anselm Grün

PERLAS DE SABIDURÍA

Los textos más bellos de Anselm Grün

Traducción del alemán por

José Manuel Lozano-Gotor

Título original: *Perlen der Weisheit: die schönsten Texte von Anselm Grün*

Portada y diseño: M.ª José Casanova

E-mail: mensajero@mensajero.com

Web: www.mensajero.com

ISBN: 978-84-271-3317-4

Depósito legal: BI-126-12

Printed in Spain

Impreso en: Gestingraf, S.A.L.

INTRODUCCIÓN

En todas las religiones y culturas existen doctrinas sapienciales. Introducen a las personas en el arte de vivir y les calman el hambre de sentido. «No el mucho saber sacia el alma», afirmó con agudeza en una ocasión san Ignacio de Loyola. Así pues, la sabiduría no debe ser confundida con el saber enciclopédico ni con la posesión de vastos conocimientos, por asombrosos que estos sean. Tampoco se alude con este término a la capacidad intelectual. Además, nunca se trata únicamente de teoría abstracta o de mera especulación. La sabiduría es más bien conocimiento de los fundamentos últimos de la existencia. Es una vislumbre de la cohesión del universo, la inteligencia de aquello que mantiene unido al mundo en su núcleo más íntimo. En el Antiguo Testamento, la sabiduría es vista como una persona autónoma, como una mujer. Por lo demás, tanto en hebreo, griego y latín como en alemán y castellano, «sabiduría» es siempre un nombre femenino. Salta a la vista que la gente no asocia la sabiduría tanto con el enérgico saber del varón, quien concibe el saber como poder y pericia práctica (*know-how*) utilizable en cualquier momento, cuanto con la mirada receptiva, la contemplación en profundidad, que se suele vincular más bien con las capacidades de la mujer.

En el Antiguo Testamento, la sabiduría sale de Dios hacia el mundo. En efecto, la sabiduría es, por así decir, Dios mismo o una persona que, procedente de Dios, se acerca a los seres humanos, a fin de enseñarles por encargo divino cómo tener una vida lograda. En el Nuevo Testamento, los evangelistas ven a Jesús como maestro de la sabiduría. Él personifica, nos dice el evangelista Mateo, la sabiduría de Oriente y Occidente, de Norte y Sur. En las ocho bienaventuranzas nos enseña un óctuple camino hacia la vida lograda. No obstante, la sabiduría que Jesús predica se les oculta a los sabios y entendidos de este mundo y es revelada precisamente a los sencillos (Mt 11,25). Se trata de la sabiduría de la cruz, que es escándalo para los judíos y necedad para los griegos. Pero la sabiduría de Dios es más sabia que toda la sabiduría del mundo. Nos introduce en el misterio de nuestra vida. Nos abre al misterioso amor de Dios.

«Sabiduría» deriva de «saber», que en su origen significaba «ver» (lat. *videre*, gr. *idein*). El sabio ve más profundamente. No se pierde en detalles, sino que percibe las relaciones del mundo y la vida. La sabiduría puede entenderse en realidad como contemplación de la esencia. Y justo en la Biblia, la sabiduría siempre es también sabiduría existencial, sabiduría que pide ser vivida. Ha descubierto las leyes de la vida humana y ahora propone caminos para que la vida salga bien. Los libros bíblicos sapienciales alaban al sabio que vive correctamente, que actúa como corresponde a su ser. En el libro de los Proverbios se nos exhorta: «Adquiere sabiduría, adquiere inteligencia... No la abandones, y te guardará; ámala, y te protegerá... Estímala, y te hará noble; abrázala, y te hará rico».

La sabiduría es algo más que una suma de perogrulladas, algo más que esos «lugares comunes» que Léon Bloy desenmascara como mendaces y burguesas tosquedades. También es algo más que el sentido común, el *common sense* o lo que hoy se denomina *mainstream*, lo dominante, lo establecido. Existen incluso la sabiduría de los necios, la sabiduría de los niños y la sabiduría de los pobres. Todas ellas contradicen lo establecido. Y sin embargo, ven algo de la vida que se les escapa a quienes están acostumbrados al éxito. La sabiduría conoce el misterio de lo humano. Ve más profundamente y evita empaquetar todo en sencillos consejos o encarecer simples recetas para cualesquier circunstancias de la vida.

En muchas culturas encontramos indicios de ello: para los griegos y los germanos, la sabiduría siempre tiene algo que ver con que las personas miren adecuadamente, con que consideren las cosas, las mediten, por así decir, a fin de comprender su esencia. Para los latinos, la sabiduría (*sapientia*) guarda relación con saborear (*sapere*). Para los romanos, sabio es quien es capaz de saborearse a sí mismo, quien se gusta, quien está reconciliado consigo mismo y con su vida, quien vive en armonía con su propio yo. Sabio es también quien está en condiciones de saborear las cosas, quien reconoce su verdadero sabor.

Así entendidas, las «perlas de sabiduría» pueden ser frases que irradien una luz e iluminen la vida de tal modo que podamos entenderla mejor. Toda perla valiosa y resplandeciente tiene que ser sostenida en la mano con devoción y cuidado. Pero también hay personas que tratan las perlas con desconsideración. Jesús nos recomienda que no echemos perlas a los cerdos (Mt 7,6). En una colaboración en el libro en homenaje al octogenario religioso David Stendl-Rast (*Die Augen meiner Augen sind geöffnet. Erfahrungen der Dankbarkeit*, Friburgo 2006), Vanja Palmers afirma que lo decisivo no es tanto de qué hablamos como con qué espíritu lo hacemos: «En un espíritu desatento y desorientado, ya sea el de quien habla o el de quien escucha, las perlas de sabiduría se convierten en palabras huecas. A la inversa, la conciencia despierta y lúcida descubre en todo, incluso en aquello que llamamos banal, el gran acontecimiento».

Las perlas de sabiduría son algo valioso. Necesitan un espíritu que se tome tiempo para penetrar en su misterio y contemplarlas desde todos los ángulos. Las perlas de sabiduría se pueden convertir con facilidad en palabras huecas, en verdades de Perogrullo que ya no conmueven a nadie. Las perlas piden ser admiradas. La sabiduría precisa de un corazón capaz aún de admirarse. La Biblia lo expresa de la siguiente manera: «El principio de la sabiduría es respetar al Señor» (Eclo 1,14). Solo quien se deja interpelar, conmover, sacudir por las perlas de sabiduría podrá descubrir la sabiduría que contienen. Solo quien esté dispuesto a dejarse instruir por la sabiduría podrá aprender de ella lo que ha de hacer para que su vida resulte lograda.

ALEGRÍA

La alegría crea presente. Y, a la inversa, la capacidad de hacerse por entero presente en el instante suscita alegría. La alegría es expresión del ser puro, del presente diáfano.

El pensamiento gira siempre alrededor del pasado o el futuro. La alegría la siento en el presente, y ella me hace presente a mí mismo. En la alegría entro en contacto conmigo. Cuando pienso, siempre estoy alejado de mí. La alegría me aproxima a mí mismo y también al instante presente.

El placer de vivir es el arte de vivir por entero en el instante, de vivir con todos los sentidos, de ver y sentir lo que es justo en este instante.

El ser humano nace para ser feliz. Si percibimos la naturaleza con todos los sentidos alerta, conocemos nuestro propio ser, que de por sí tiende a la felicidad. La alegría es para él una suerte de esencia que penetra toda la tierra. Así como el Espíritu de Dios envuelve y al mismo tiempo penetra la tierra, así también la alegría en cuanto atributo de Dios.

La alegría actúa a la chita callando. Apenas la notamos entrar en nuestro corazón. Pero, siempre que no la echemos violentamente, habita allí. Cuando tiene sed, la alegría lame las lágrimas de nuestros sueños. Nos enjuga las lágrimas del rostro, a fin de que no desfiguren más nuestros sueños. La alegría nos pone en contacto con los sueños. Hace que se tornen realidad.

La alegría nos colma de vitalidad. La alegría respira ligereza. Al igual que la música, vence la gravedad de la tierra y se eleva en el aire como un pájaro.

TAMBIÉN EN TU CORAZÓN habita ya la alegría. Solo que con frecuencia te mantienes alejado de ella. Entra en contacto con tu alegría. Déjate inspirar por ella. Está dentro de ti, en tu hondón. Nadie puede privarte de ella, porque brota de una fuente más profunda.

LA DIVERSIÓN es algo distinto de la alegría. Esta ensancha el corazón humano y le hace bien. La diversión distrae, por lo que a la larga no tiene virtud sanadora.

En las entretelas del corazón de toda persona late la alegría: un tesoro que está en nuestra mano desenterrar.

CUANTO MÁS DESESPERADAMENTE busca uno la alegría, tanto más difícil le resulta encontrarla. En ocasiones, la alegría nos sorprende: es ella la que intenta asirnos, sin que nosotros podamos hacer nada para forzarlo. Entonces, todo depende de que nos dejemos agarrar, de que estemos abiertos a la sorpresa divina.

Quien paladea la alegría hasta el fondo toca a Dios.

ALMA

Mi alma me recuerda que soy un ser único y singular. Soy un pensamiento de Dios que se plasma en mí. Y la palabra «alma» designa lo misterioso que hay en mí, lo que se sustrae al asimiento del mundo, también al asimiento del valorar. «Alma» denota mi hondón inconfundible. Y en ese ámbito de suma intimidad estoy en relación con Dios. Ahí trasciendo este mundo. El alma está en el cuerpo y le imprime su sello. Y, al revés, también el cuerpo influye en el alma. Eso lo notamos cuando caemos enfermos.

Para mí, el alma designa el resplandor divino de mi interior, la riqueza de intuiciones e imágenes que encuentro en mí y que sin excepción me remiten a Dios. En el alma ha grabado él su huella en mí, para que me acuerde de él sin cesar.

El alma necesita alimento. Este alimento es, por una parte, el amor, que hace bien al alma; y, por otra, la ocupación intelectual. Algunas personas enferman porque no le dan suficiente espacio al alma. El alma necesita alas, ligereza, amplitud. Quien le recorta las alas y le limita el espacio priva al alma de su fuerza.

AMISTAD

La verdadera amistad se caracteriza por la libertad interior. Puedo decir lo que siento sin necesidad de evaluarlo todo. Soy libre para recorrer el camino que he reconocido como el adecuado para mí. No necesito andarme con miramientos con el amigo. Puedo respirar libremente. Y también yo le concedo a él el espacio de libertad que precisa para su vida.

Un amigo interioriza la melodía de mi corazón, para luego hacerla sonar de nuevo cuando se acalla en mí.

En la amistad toco el corazón del otro con todos sus altibajos. Noto lo que siente y lo que piensa. Veo lo que lo mueve y lo que lo oprime. Renuncio a hacer juicios y valoraciones al respecto. Me limito a mirar y acepto todo tal cual es. Quien ha conocido al amigo o la amiga en lo más hondo de su ser también considerará a otras personas con una mirada más clara. Y renunciará a juzgarlas. La amistad lo capacita para aceptar también sin prejuicios a otras personas.

Siempre hay algo misterioso en el nacimiento de una amistad. De repente está ahí. Las puertas se abren en mi corazón justo para esta persona.

Allí donde hay amigos, allí surge un hogar.

AMOR

ME SIENTO FELIZ cuando experimento algo que me conmueve profundamente. Cuando amo.

LA MIRADA BENEVOLENTE del otro nos transforma. Cuando el amor se cruza en nuestro camino, salimos renovados de esa experiencia. Con su amor, otra persona puede hacer que aflore algo que hasta entonces dormitaba oculto en nosotros. El amor despierta en nosotros una fuerza que nos permite descubrir nuestro propio misterio.

MI META aquí, en esta vida, es llegar a ser el que soy a ojos de Dios, dar fruto tal como Jesús prometió que lo harían a aquellos que permanecieran en él y en los que él permaneciera. Y sé que solo seré realmente fructífero si me desprendo de mi ego y devengo del todo transparente para el amor. Un amor que brota en mí a fin de fluir -a través de mí- hacia otras personas y colmarlas de alegría.

EN OCASIONES podemos vivir la experiencia no solo de amar a una persona, sino de estar en el amor. Cuando no solo amamos, sino que somos amor, experimentamos el amor como una fuente caudalosa. Brota y brota en nosotros sin agotarse.

Puedo crear en mi alma de amor un lugar de eternidad. Es decir, no me obsesiono con la falta de amor que padezco. No busco a los demás para preguntarles si me aman o no. Dentro de mí mana una fuente de amor divino que nunca se agota, que nunca deja de brotar, una fuente que es eterna.

En último término, en el anhelo de amor late siempre la vislumbre de un amor infinito, que es más que amar y que ser amado. Es el anhelo de ser amor. Quien es amor participa de la realidad del Absoluto.

El amor perfecto que Jesús hace resplandecer en la cruz disipa todo temor. Ya no existe nada a lo que debamos tener miedo. Pues todas las contradicciones que hay en nosotros están colmadas por el amor. La mirada que se dirige al amor visibilizado en la cruz, que reconcilia todo con todo, puede conjurar el miedo a las partes escindidas de nuestro ser, impidiendo la desintegración del yo. No hay ya en nosotros abismos en los que no habite el amor.

Por un lado, el amor vence todo temor; por otro, el temor hace más profundo el amor. Le confiere su verdadera fuerza. Nunca podemos eliminar por completo la tensión entre temor y amor. Esta tensión confiere al amor su verdadera fuerza. Pero entonces se trata de un amor que, lejos de estar determinado por el miedo, contiene el temor como aspecto intrínseco y, precisamente así, lo supera.

El amor no es un eterno estar enamorado. El enamoramiento debe transformarse en un amor que acepta al otro tal cual es. A menudo proyectamos sobre el otro nuestras propias imágenes y deseos y amamos la imagen que nos hemos hecho de esa persona más que a ella misma, tal como es. Amar al otro tal cual es no resulta fácil. Requiere despedirse de todas las ilusiones que uno se ha hecho sobre él. Y exige asimismo despertar de la ilusión de que el amor es siempre un sentimiento maravilloso. Con frecuencia no se trata más que de fidelidad al otro. Eso supone bastante más que soportarlo. Significa decirle «sí» en su mediocridad y banalidad.

El amor tampoco es felicidad duradera. No hay amor sin dolor. En el amor me abro al otro, lo que me hace vulnerable. Sin tal apertura, el amor no sería posible. En el amor recíproco nos conocemos uno a otro con todas las heridas que nos han sido infligidas a lo largo de la vida. El amor puede herir. Y también puede curar esas heridas.

Quien se aventura por la senda del amor debe saber que se trata de un camino en la verdad, de un camino a lo largo del cual descubro mi propia verdad, así como la del otro. El conocimiento de la verdad es verdaderamente doloroso. Pero el amor representa también la oportunidad para curar esta herida. Si me acepto a mí mismo con mis heridas y no condeno al otro por las suyas, sino que lo amo justo tal cual es, entonces el amor puede curar mis heridas tanto como las suyas.

El amor a Dios y el amor a los hombres no se contradicen. No tengo por qué decidir entre amar a Dios y amar a los hombres. Más bien, solo amo a Dios cuando amo también a los hombres. Y, a la inversa, cuando amo realmente a una persona, en lo hondo de ese amor experimento asimismo el amor a Dios, que es el único capaz de saciar para siempre mi más profundo anhelo de amor.

El amor precisa una actitud que encontramos reflejada en las claras palabras de Jesús: «¡No me sujetes!». Cuando alguien se siente sujeto, intenta soltarse y liberarse por la fuerza. O se sustrae cada vez más al amor del otro. Para que el amor se mantenga vivo, hacen falta tanto la cercanía como la distancia. No se necesita solo fusión, sino también delimitación. Y se requiere sensibilidad para percatarse de la imposibilidad última de servirse del otro, reconocimiento del misterio que habita en su persona, a fin de que el amor pueda respirar, de que siga siendo hogar y no se convierta en prisión.

Déjate conmover en tu corazón por el amor. Dios mismo te toca cuando amas y te abres al misterio de un amor diáfano, dirigido a todos y a todo.

Sigue el rastro de tu amor. Él te conduce a Dios. Te abre a las personas. Te empuja hacia la vida. Te colma de alegría y felicidad.

Pon a las personas de tu entorno en contacto con su amor. Atrévete a amar y a ser amado. Déjate hechizar por el amor, déjate guiar por él al misterio de un amor más profundo capaz de saciar tu anhelo verdadero.

El amor es la realidad decisiva de nuestra vida. Confía en tu amor, pero profundiza en él, examínalo a fondo, de modo que puedas encontrar en él a Dios como su auténtica fuente. Y sigue a tu amor hasta el final. Él te guiará a aquel que es el Amor mismo.

ÁNGELES

Los ángeles son, para mí, una imagen de la gracia. Y, relacionándolos con nuestra vida, también una imagen de nuestras capacidades interiores, del potencial interior que gestiono de forma libre y creadora y puedo desplegar en mi vida. Muchas personas tienen la sensación de que alguien las acompaña en sus esfuerzos por vivir «rectamente». Este acompañante es el ángel. Él viene como mensajero de Dios a mi vida, a mi corazón, esto es, al centro vital en el que se decide la dirección de mi vida.

Toda persona tiene un ángel. Nadie tiene que defenderse solo, por muy solitario que sea, por muy abandonado que pueda sentirse.

Una persona puede convertirse en ángel; una idea o un impulso, un sueño, puede ser el mensaje angelical. Siempre se trata, ante todo, de confiar sencillamente en que no estamos solos.

Los ángeles nos ponen en contacto con el potencial que late en nuestra alma. Pero nosotros no podemos disponer de los ángeles. Son una realidad de la que solo podemos hablar en imágenes. No en vano los artistas representan a los ángeles con alas. Los ángeles nos dan alas, comunican ligereza a nuestra alma. Pero la imagen de las alas nos quiere decir también: si pretendemos averiguar con demasiado detalle qué son los ángeles, qué aspecto tienen y qué nos dicen exactamente, entonces se marchan volando. Sobre los ángeles solo se puede hablar de forma hipotética. Los ángeles son fieles acompañantes en nuestro camino. Pero, al mismo tiempo, nunca cabe servirse de ellos.

LOS ÁNGELES PROTEGEN nuestra persona y nos ponen en contacto con nuestra alma, con el espacio interior del amor y la libertad.

ANHELO

Si dejamos de anhelar, nos detenemos interiormente. El anhelo ensancha el corazón y nos permite vivenciar de modo mucho más intenso lo que experimentamos a diario. La muerte del anhelo sería también el final de la felicidad. Y en el momento de la muerte física, el anhelo, lejos de morir, arriba a su meta.

El anhelo no es lo contrario de la satisfacción. Justo porque anhelo algo que trasciende este mundo, puedo aceptar la mediocridad de mi vida. No necesito tenerlo todo aquí, porque mi anhelo me eleva por encima de todo lo superficial hacia el ámbito de lo divino, el único en el que mi anhelo será realmente saciado.

El árbol profundamente arraigado se alza con firmeza en el lugar que ocupa. Así pues, necesitamos una y otra vez lugares en los que detenernos y demorarnos, a fin de poder descender a la propia profundidad y escuchar en nuestro interior a las intuiciones y los anhelos, pero también a las respuestas a las preguntas fundamentales de la vida que palpitan en las entretelas del corazón. En nosotros se encuentra ya la respuesta a la pregunta de cómo lograr que la vida salga bien. Pero si siempre nos limitamos a buscar en lo exterior, a prestar oído a lo que dicen los demás y a obedecer lo que dicta la moda del momento, entonces perdemos el contacto con la sabiduría de nuestro corazón.

EL ANHELO que aflora en mí acompañando a la decepción se dirige en último término a Dios. El anhelo me pertenece. Nadie me lo puede quitar. El anhelo dilata mi corazón. El anhelo es algo sagrado que hay en mí.

SIN ANHELO, el ser humano pierde su tensión vital. Se parece, por así decir, a la cerveza desabrida. Ya no tiene sabor agradable. El anhelo confiere buen sabor a la vida. Junto a una persona que ha perdido el anhelo no nos sentimos a gusto. Esa persona irradia frío y desesperanza. Con una persona desbordante de anhelo podemos pasárnoslo bien. La conversación resulta interesante. Penetra en la profundidad de la condición humana. El anhelo nos conduce al fondo de nuestro ser, a nuestro verdadero yo, al potencial que late en nuestra alma.

EN EL ANHELO, Dios ha imprimido su huella en nuestro corazón. En el anhelo de Dios está ya Dios. En el anhelo puedo percibir la huella de Dios impresa en mi corazón. El anhelo es, pues, el camino para experimentar a Dios en medio de un mundo que padece las consecuencias del alejamiento respecto de Dios. En el anhelo, Dios ha puesto algo en mi alma que trasciende este mundo, que no es de este mundo y que, por consiguiente, tampoco puede ser destruido por él. El anhelo es lo que santifica a la persona y le confiere su dignidad. En el anhelo, el ser humano llega hasta Dios. Entonces habita en él. Y así, justamente en el anhelo le es dado experimentar una profunda paz interior de la que ningún acontecimiento exterior es capaz de privarlo.

ALGUNOS SE ASUSTAN cuando toman conciencia de que solo se vive una vez. Llenan su vida de todo lo que promete placer inmediato. Para ellos, envejecer es una catástrofe. Pues en la vejez podría ser demasiado tarde para todo. Pero de este modo se tornan incapaces de disfrutar realmente de la vida en todo momento de su existencia. Miran de hito en hito a una vida que se les antoja demasiado corta y se creen obligados a hacer realidad todos sus anhelos de vida. Pero, puesto que eso nunca pueden lograrlo, porque el anhelo no conoce límites, devienen más y más nerviosos y, al mismo tiempo, insatisfechos.

EL ANHELO no es una huida de la vida. El anhelo es vida más intensa. No es algo que te consuele. Te conduce al centro de la vida verdadera. Aquí y ahora.

NO DEJES QUE EL ANHELO sea ensordecido por el ruido de la vida diaria. No dejes que quede enterrado bajo la banalidad del consumo. No permitas que te den largas con promesas vanas. Percibe en ti mismo los altibajos de tu vida. Levántate y sigue lo que tu anhelo te muestra: la huella del incomprensible misterio que es tu vida. De repente experimentarás quietud. Puedes disfrutarla. Entonces te dirás: «En la quietud me siento envuelto por una cercanía amorosa y sanadora». Y también : «Aquí existo en plenitud. No tengo que hacer nada. Me invade la quietud. Tengo conciencia de mí. Estoy en Dios. Y en él se encuentra todo lo que anhelo».

EN LA MEDIDA EN QUE entro en contacto con el anhelo, ya incluso en medio de la desesperación participo de la esperanza y el amor de Dios.

EL ANHELO nos pone en contacto con nosotros mismos. Cuando siento mi anhelo, estoy en mi corazón. Y entonces los demás, con sus expectativas, no tienen ningún poder sobre mí. El anhelo me impide reaccionar resignadamente a las decepciones que experimento en mi vida. Antes al contrario, la decepción mantiene despierto mi anhelo.

ASCESIS

Los sabios de todas las religiones, en la reflexión sobre su propia vida, han desarrollado caminos para tener una vida lograda. Por encima de todas las fronteras culturales y temporales existe acuerdo al respecto: eso no es posible sin ponerse límites o asumir algunas renuncias. Ascesis y felicidad no son términos contradictorios. No se trata de renunciar a algo porque la religión o una ley cualquiera nos lo prohíban, sino porque queremos ser felices a la larga.

Deseo de ascesis, es decir: quiero trabajar en mí mismo, a fin de que los límites se desplacen un poco y me dejen más espacio para vivir. Y, a la inversa, la ascesis, bien entendida, es el arte de poder alegrarse siempre. En efecto, la ascesis incrementa las ganas de vivir.

La ascesis y la disciplina –ejercitadas en su justa medida– forman parte de la vida buena. Nos transmiten la experiencia de que configuramos nuestra propia vida, de que vivimos por nosotros mismos en vez de dejar que la vida nos sea determinada desde fuera.

ATENCIÓN

VIVIR ATENTAMENTE quiere decir abrir los ojos y mirar al otro como si uno nunca lo hubiera visto antes. Vivir atentamente significa mirar a las personas no solo con los ojos exteriores, sino con los ojos del corazón.

A MENUDO DORMIMOS y no nos damos cuenta en absoluto de lo que acontece a nuestro alrededor. No nos percatamos de la belleza. No nos percatamos de la felicidad, que está al alcance de la mano. La buscamos en cualquier otro lugar, en nuestros sueños, en las ilusiones que albergamos. Solo quien abre los ojos puede percibir lo que es. Quien está despierto cobra conciencia de que hasta entonces ha vivido como en una mazmorra.

No hace falta mucho para ser feliz. Solo se requiere atención. Si nos sentimos agradecidos por lo que vemos, ya solo unos ojos sanos son una fuente de felicidad. A nuestros ojos se les permite a diario descubrir cosas maravillosas. Pero, para percibir también conscientemente los milagros que día tras día acontecen ante nuestros ojos, se precisa ejercitar la atención: el milagro de una rosa, el de una montaña, el de un escarabajo que cruza nuestro camino, el milagro de un rostro humano.

Presto atención a lo que hago, no para controlarme, sino para sentir lo que percibo a mi alrededor, pero también en mí mismo. Cuando miro a lo hondo de mi corazón, ¿qué es lo que percibo? ¿Son solo mis propios pensamientos? ¿Acaso no intuyo ahí la presencia de algo que me trasciende, de algo que es mayor que yo?

Con ocasión de todo lo que verdaderamente veo, oigo, huelo, percibo, me pregunto: ¿se trata solo de una bella flor? ¿No contemplo en ella una belleza absoluta, algo que trasciende esa realidad concreta? O respecto a mis pensamientos me pregunto: ¿brotan solo de mi interior? ¿O es Dios quien me envía este pensamiento, esta ocurrencia, este impulso? Cuento con que Dios me toca y me conmueve.

Quien vive atento no pasa de largo ante las personas ni ante las cosas. Para él, todo se convierte en signo de lo verdadero, en signo del misterio de Dios.

Lo interior y lo exterior están mutuamente relacionados. En el trato con las cosas se manifiesta tu actitud interior. Tal como tratas a las cosas, así te tratas también a ti mismo.

Permanece atento a lo que te constituye en tu hondón. Eres único y singular. Marca bien tus límites, no vayas a perderte a ti mismo. Pon freno cuando sientas que tu energía escapa de ti. Detente cuando tus contornos amenacen con difuminarse. Escucha tu interior. Intuye qué es lo más adecuado para ti. Vive según tu propia armonía. No te rijas por la opinión de los demás. Vive como corresponde a lo más íntimo de tu ser.

Comprométete con lo trivial de tu vida cotidiana. Confía en que allí encontrarás todo lo que buscas. No se trata de descubrir novedades interesantes, sino de sentir lo que es. Percibe lo que es. Haz justicia a lo que constituye la realidad de tu vida. Entonces intuirás que la vida diaria te conduce a lo verdadero, a la pura percepción del ser. Y cuando estás en contacto con lo que es, estás en contacto también con el fundamento de todo el ser. Si la vida diaria se convierte en ejercicio, si deviene lugar del encuentro con Dios, entonces se transforma.

AYUDAR

Solo quien encara con acierto sus propios límites puede a la larga tratar bien a las personas enfermas y necesitadas de ayuda.

Intenta encontrar la llave para acceder al otro. Abre la puerta de su potencial, para que en él comience a fluir la vida. Entonces tú mismo te beneficiarás de ello. Ganarás vitalidad.

BELLEZA

TODA PERSONA resulta bella cuando es por entero ella misma. El amor hace bella a la persona. Así pues, cuando entras en contacto con el amor que ya está en ti, cuando ese amor es irradiado a través de ti al mundo, eres bello, sea cual sea el ideal de belleza exterior que imponga la moda del momento.

MI ROSTRO siempre es bello cuando estoy por completo en él, cuando me encuentro reconciliado conmigo mismo. En eso consiste mi tarea: en decirme «sí» a mí mismo, en sentirme agradecido por la vida. Esta actitud interior obrará entonces la belleza, y mi rostro irradiará algo que hace bien los demás.

EN LA BELLEZA del mundo puedo contemplar la belleza por antonomasia. La belleza por antonomasia es Dios. En una palabra humana puedo oír la palabra de Dios; y en la música, intuir lo inaudible. En el vino puedo saborear el sabor dulce de Dios; en la fragancia del incienso, oler algo de su misterio; y en las flores, palpar la ternura divina. Pero a Dios no puedo aprehenderlo directamente. Los sentidos remiten más allá de sí mismos a lo que no puede ser experimentado ni visto ni oído. Cuando contemplo el cielo estrellado, se me manifiesta algo de la grandeza y la belleza de Dios.

BENDICIÓN

Quien es bendecido se siente resguardado y protegido por Dios. Así pues, deberíamos procurar ser un regalo para las personas, deberíamos procurar que de nosotros emane bendición, algo que haga fructificar a las personas, que les transmita la sensación de amparo. Nos convertimos en bendición para otros cuando irradiamos paz, esperanza y confianza.

«Bendecir» significa pensar y decir algo bueno sobre el otro, desearle un bien. Cuando deseo un bien al otro, supero el poder de lo negativo. Veo al otro a través de una lente distinta, que me permite descubrir lo bueno que hay en él. Esto crea nuevas posibilidades de relación. Al bendecir a alguien, al desearle el bien, no debo hacer violencia a mi persona ni a mis sentimientos. Noto que, cuando bendigo a alguien, también lo bueno que hay en mí se refuerza y repercute positivamente en mí. Entonces, el amor a los enemigos no representa una exigencia desmesurada, sino que obra el bien tanto para el otro como para mí.

Mi fe en el bien que hay en el otro crece cuando oro por él o lo bendigo. En la bendición deseo a una persona aquello que necesita para sellar la paz consigo misma.

CAMINO ESPIRITUAL

ESPIRITUALIDAD SIGNIFICA propiamente vivir desde el espíritu. Y para nosotros, los cristianos, el Espíritu Santo es quien nos impregna y de cuya fuente nos gustaría vivir.

Confrontarme con la realidad e impregnarla del Espíritu de Dios es un buen camino espiritual.

POR CAMINO ESPIRITUAL entendemos el camino a través del cual nos dirigimos hacia nuestro interior, a fin de que el corazón se nos llene más y más del Espíritu de Dios y sea así transformado. El camino espiritual es un camino que consiste en hacerse cada vez más permeable para este Espíritu, para el Espíritu de Jesucristo. Pasa por el camino de la atención, la quietud, la contemplación, la oración y la ascesis. Lo decisivo en todos estos caminos es que no me obsesione conmigo mismo y mi progreso, sino que salga al encuentro de Dios y me abra a su incomprensible amor. Importante es también que este camino sea fructífero para el mundo, que me conduzca a las personas.

CARIÑO

Toda persona anhela cariño. El deseo originario y elemental del niño es que la madre dirija hacia él su mirada amorosa y le sonría. Esta experiencia originaria, que regala al niño la justificación de su existencia, le transmite lo siguiente: «Eres bienvenido en esta tierra». Todos queremos experimentar esto una y otra vez. El cariño materno es el prototipo de la bendición.

Cuando doy cariño porque yo mismo lo necesito, pierdo la sensibilidad para mí mismo y mis límites. Cuando no estoy en contacto conmigo mismo, tampoco tengo buen ojo para mis límites.

Regala tu cariño. Vivir bien siempre significa además vivir en relación. Quien se limita a dar vueltas alrededor de sí mismo no se hace en verdad ningún bien. Solo quien ama a otros recibe amor a cambio. La felicidad de aquel a quien he ayudado se refleja sobre mí.

Solo me siento realmente bien cuando abro mi corazón a otros, cuando me vuelvo hacia los demás. Entonces a menudo experimento el regalo del encuentro. Me siento colmado de dones por los demás.

CIELO

SI DESCUBRIMOS el cielo que hay en nosotros, tan solo necesitamos volvernos hacia nuestro interior para estar en el cielo. Entonces dejamos de andar con prisas.

EL REINO DE DIOS está en nosotros si conseguimos que ya no nos desgarren nuestras pasiones y emociones, nuestras necesidades y deseos.

LLEVAMOS ya en nosotros el cielo al que nos encaminamos. Así, todo el camino hacia el cielo es ya cielo. Allí donde Dios habita en nosotros, allí está el cielo. Así se ensancha el corazón.

COMENZAR

NUESTRA VIDA es un continuo morir y renacer. Hay que desasirse de lo viejo, y lo nuevo quiere surgir. Lo viejo debe morir para que la nueva vida comience a florecer. Así, nunca podemos renunciar a la esperanza de que nuestra vida llegue a coincidir con la figura originaria que Dios ha concebido para nosotros.

Nunca es demasiado tarde para empezar de nuevo. Pero el nuevo comienzo no elimina el pasado. Solo lo remodela, lo configura de tal modo que la pura imagen de Dios puede resplandecer en nosotros. No somos nosotros los únicos que podemos empezar de nuevo sin cesar. También Dios comienza con nosotros de nuevo. Nos regala su incólume vida divina con el fin de renovar nuestra vida.

A CADA INSTANTE comenzamos de nuevo. Por una parte, no puedo por menos de aceptar que en mi vida muchas cosas se han desarrollado de una manera que hoy resulta ya irreversible. He llegado a ser el que soy. Pero mi reacción ante lo que he llegado a ser, lo que haga con lo que soy, depende de mí. Y eso constituye un continuo desafío. En efecto, «comenzar» significa tomar yo mismo las riendas de mi vida, hacerme cargo de lo que me es dado y configurarlo.

PROCEDEMOS del pasado. Arrastramos con nosotros las heridas de nuestra biografía. En el pasado incurrimos en culpas. Pero no debemos darle vueltas y vueltas al pasado. Nunca es demasiado tarde para un nuevo comienzo. En todo instante late la magia de la novedad. El tiempo que ahora principia está íntegro. De ese tiempo intacto, no falsificado, incólume, debemos aprender lo siguiente: también nuestra alma es capaz de comenzar ahora de nuevo. Puede ser renovada por el Dios siempre nuevo.

NUESTRO TIEMPO solo será un tiempo pleno si tiene la índole de la despedida y el nuevo comienzo. Sin despedida ni nuevo comienzo, el tiempo se vuelve aburrido. Se hace siempre idéntico a sí mismo. No se desprende de nada. Si no hay despedida, sigo arrastrando conmigo el pasado de un lado a otro. Y antes o después, la carga se hace demasiado pesada. El tiempo se renueva siempre que me despido del pasado con intención de dar comienzo a lo nuevo e intacto.

CONCIENCIA

La voz de Dios en la conciencia contribuye siempre a un incremento de vitalidad, libertad, paz y amor. La voz del superyó, en cambio, limita y atemoriza. Nos abruma con exigencias y genera en nosotros mala conciencia.

Debo obedecer siempre a mi voz interior, aun cuando las personas que me rodean intenten alejarme de mi camino. No necesito el aplauso de los demás. La armonía interior me basta para recorrer resueltamente mi camino.

CONFIANZA

NINGUNA PERSONA puede vivir sin confianza. Aun cuando una y otra vez se haya sentido decepcionada por los demás, anhela personas en las que poder confiar. Intuye que necesita la confianza para poder tener una posición firme en este mundo. Y si las personas la decepcionan reiteradamente, entonces se busca otro sostén. También la confianza en Dios precisa por regla general la experiencia de la confianza humana.

LA CONFIANZA que depositamos en una persona suscita en ella confianza en sí misma. Porque confiamos en ella, también esa persona es capaz ahora de confiar en sí. Porque creemos en ella, esa persona puede creer en sí, en sus capacidades, en sus fuerzas. De este modo, nuestra confianza tiene siempre un efecto sanador en el otro.

AUNQUE HAYAN ABUSADO DE MI CONFIANZA, me fío de mi anhelo de confianza. Y en ese mi anhelo de confianza entro ya en contacto con la confianza que, a pesar de toda desconfianza, continúa dormitando en mi alma.

CONFIAR EN DIOS no quiere decir que nunca pueda ocurrirme nada malo, que nunca vaya a enfermar o fracasar.

La confianza en Dios tiene raíces más profundas. En toda situación soy sostenido por Dios. Aunque enferme, aunque fracase profesionalmente, nunca dejo de estar en las buenas manos de Dios. Esta visión positiva forma parte de la fe.

EL MIEDO me invita a contemplar aquello que me asusta y a ir al mismo tiempo más allá, a penetrar hasta el fondo del alma, en donde también late la confianza en mí mismo. La fe es el camino hacia tal confianza.

LA CONFIANZA en el Dios de la gracia suscita nuevas fuerzas en nosotros. Podemos arrostrar la vida. Podemos recorrer seguros nuestro propio camino. Estamos libres de la obligación de observarnos de continuo a nosotros mismos con objeto de descubrir si somos lo bastante buenos. Así liberados, podemos volcarnos en la vida. Y esto nos pone en contacto con la fuerza que late en nosotros.

EN EL ANHELO de confianza late ya la confianza. Puedo examinar a fondo este anhelo que albergo. Entonces, en el hondón de mi alma descubro la confianza que palpita en mi interior, con independencia de que mis progenitores depositaran o no suficiente confianza en mí. Existe una confianza primigenia que procede de Dios, no de los hombres.

CONSOLAR

No ES fácil aguantar la soledad y la necesidad del otro y estar con él cuando sufre a consecuencia de sí mismo y de la vida. Pero su duelo solo puede transformarse si permanezco a su lado. Y él se siente consolado. No lo he consolado con palabras, sino que yo mismo me he convertido en consuelo, en *consolator* que lo acompaña en su soledad.

LA FE no ofrece una respuesta inmediata a mi sufrimiento. Ni tampoco elimina mi dolor. Pero en la fe siento que no estoy solo en mi necesidad. Confío en que Dios está junto a mí. Por supuesto, algunos dicen: «Yo no experimento la presencia de Dios en mi duelo. Me ha abandonado». Esta es una experiencia dolorosa que no puedo pasar por alto precipitadamente. Al contrario: si permito que se dé, puedo profundizar en mi dolor desde la fe y sentir que, a pesar de todo, soy sostenido. A nosotros, los cristianos, mirar a Jesús colgado de la cruz -quien ha padecido profunda soledad, abandono y sufrimiento- nos ayuda en tales casos a sabernos comprendidos por él en el sufrimiento. Pues él ha vivido el sufrimiento en toda su abismal profundidad. Y la fe me lleva a confiar en que ni el sufrimiento ni el duelo me alejarán del amor de Dios. También en esas situaciones estoy envuelto en su amor.

CONTEMPLACIÓN

ACTUAR con la única intención de demostrar lo que valemos tampoco aporta nada a los demás. Para que nuestra acción sea fructífera, hace falta retirarse a la oración, a la contemplación, a la quietud. Pero eso no tiene nada que ver con esconder la cabeza ante las exigencias reales de la vida.

LA CONTEMPLACIÓN no es una alternativa al compromiso por un mundo más saludable y pacífico. Ella ya es una senda de sanación. Pues cuando nos percatamos de que la verdadera realidad yace más hondo, de que Dios es la realidad más profunda, también devenimos más libres en nuestro actuar. En la meditación y la contemplación podemos sumergirnos en un espacio de quietud en el que todo está ya sano e íntegro, en el que sentimos una paz profunda en medio de tanta discordia y enfermedad como padece nuestro mundo. Y de esta paz extraemos también la fuerza necesaria para reconfigurar el mundo para mejor.

CORAZÓN

Lo decisivo no es cuánto tiempo viva y cuántos méritos pueda lograr y aducir. No, lo decisivo es que abra mi corazón y viva cada instante con un corazón grande.

Todo lo que anhelo está ya en mi corazón. Se trata de no huir de esta verdad, sino de detenerse y confrontarse con ella. Por muy paradójico que pueda sonar: semejante pausa es condición imprescindible para todo progreso humano e intelectual.

Nuestro corazón es el lugar en el que Dios mismo habita en el ser humano. El corazón es el lugar en el que cielo y tierra se tocan. Y, al mismo tiempo, el corazón es la puerta a través de la cual otra persona puede entrar en nosotros.

El corazón vincula a las personas entre sí. Pero, siempre que dos corazones se tocan, por encima de ellos se abre el cielo. Y entonces, por la escala celestial suben y bajan ángeles.

Cuando deseo tener algo, lo deseado ejerce de hecho una singular fascinación sobre mí, me atrae, cautiva mis pensamientos y mis sentimientos. Sin embargo, en cuanto lo poseo, lo anhelado pierde a menudo de inmediato su brillo y se torna cotidiano, prosaico, carente de atractivo. Como consecuencia, cada vez quiero con mayor intensidad tener algo distinto y nuevo. Pero lo cierto es que «solo lo que anhelamos es propiedad nuestra; lo que ya poseemos lo perdimos hace tiempo». Alfred von Harnack, el autor de esta frase, tiene razón: es posible que la felicidad radique justamente en no poseer nada y que se vea amenazada por la posesión. Lo que anhelo está en mi corazón.

HABLA desde el corazón. Las palabras que fluyen del corazón son siempre palabras de amor. Rezuman calor, ternura, comprensión y cercanía. Las palabras que brotan del corazón se vinculan con el corazón de aquel a quien van dirigidas. Crean relación: en uno y otro sentido fluye algo entre ambos corazones.

CRISIS

La vida, con sus rupturas, hace saltar en pedazos la armadura que hemos construido a nuestro alrededor con objeto de protegernos de nuestra propia alma. Si fracasamos en nuestra profesión, si tenemos problemas de salud, si terminamos una relación de pareja, si nuestro cónyuge fallece antes que nosotros, los sistemas externos de seguridad se tornan quebradizos. Nuestra alma se hace notar. Cobramos conciencia de que, dada la fragilidad de todo lo exterior, no podríamos subsistir si construyéramos nuestra casa vital sobre lo exterior. Necesitamos el alma, que ofrece un sostén verdadero a nuestra vida; en ella reconocemos la propia singularidad y descubrimos nuestro yo. Si en las entretelas del alma encontramos nuestro auténtico yo y nos hacemos uno con él, entonces en todas las turbulencias exteriores hallamos un punto de apoyo interior.

La vida no siempre es éxito y felicidad exterior. Perdemos a seres queridos. Y desaprovechamos algunas oportunidades. Quien no llora las experiencias de pérdida que hay en su vida se anquilosa interiormente. La verdadera alegría solamente la experimenta quien también tolera el duelo. Quien reprime todos los sentimientos negativos queda aislado de la alegría. Eso vale también para la relación con nosotros mismos, que tan importante es para el camino hacia la felicidad. Pero si uno reconoce sus carencias y debilidades y las llora en este sentido, experimenta ahí el auxilio divino. Dios le ayuda a entrar en contacto, a través de tales carencias, con su verdadera esencia: aquello que no puedo vivir es invocado mediante el duelo. Fluye renovado hacia mí desde otra parte.

La crisis rompe en pedazos las máscaras que utilizamos hacia fuera, pero también las tendencias aseguradoras que desarrollamos hacia dentro. De este modo entramos en contacto con nuestro espacio interior, en el que Dios habita en nosotros. En este espacio mana la fuente del Espíritu Santo. Las crisis despejan el acceso a esta fuente, de la que siempre es posible beber. Esta fuente, dado su carácter divino, es inagotable. De ella fluye hacia nosotros la fuerza que necesitamos para, a través de las múltiples muertes de nuestra vida, llegar a la vida verdadera.

El desmoronamiento de las ilusiones nos abre a una confianza más profunda, a la confianza de estar fundados en el propio Dios.

CULPA

A TODOS NOS GUSTARÍA conservar las manos limpias durante toda nuestra vida. Pero, con el tiempo, antes o después se nos ensucian. Debemos aceptar este hecho. No es posible vivir como nos gustaría, con las manos impolutas, inmaculados, sin culpa de ningún tipo. En el fondo, se trata de reconciliarnos con nuestra condición humana, siempre quebradiza.

LA LIBERTAD Y LA FALTA DE LIBERTAD, la culpa y la inocencia siempre se dan mezcladas. De ahí que nunca nos competa a nosotros juzgar a los demás. Pues no sabemos por qué razones actúan como lo hacen, por qué son como son. No debemos juzgar a los demás. Cuando contemplamos nuestra propia culpa, no hemos de culparnos ni disculparnos. Si nos culpamos, nos dilaceramos a nosotros mismos; si nos disculpamos, nos vemos obligados a buscar cada vez nuevas razones por las que somos inocentes. Y de este modo nunca encontramos reposo. Debemos presentar a Dios nuestra vida, con nuestras culpas y nuestra inocencia, exponiéndola a su amor, a fin de que, a la vista de ese su amor indulgente, hallemos sosiego interior. Todos llevamos en nuestro hondón un juez inmisericorde que de continuo nos declara culpables. De ahí que necesitemos la experiencia del perdón de Dios, para así poder perdonarnos a nosotros mismos.

DECIDIR

Debes despedirte de la idea de que estás obligado a tomar la decisión absolutamente correcta. Y sé consciente de que toda decisión a favor de algo es una decisión en contra de la posibilidad alternativa. No puedes vivir todo a la vez. Debes llorar la pérdida de aquello que descartas. Sin el dolor que conlleva el lamento de mi propia limitación, me resulta imposible tomar decisión alguna. Además, se requiere confianza en que Dios te acompaña y te bendice asimismo por el camino por el que te has decidido.

Conviene que implores acertar con tu decisión. Pero Dios no te revelará sin más la solución de forma clara y perceptible. La oración ayuda a distanciarse de las reflexiones y a contemplar más hondamente el propio corazón. Preséntale a Dios en la oración tu desgarradura. Quizá la oración o la meditación obren en ti la serenidad y la claridad. Pero si la oración no te aporta claridad y sigues sintiéndote tan desgarrado como antes, no estás en condiciones de tomar una decisión. Solo puedes dar ese paso cuando notes en ti claridad interior.

DESASIRSE

Quien no ha vivido realmente, tampoco puede desasirse de sí mismo y de su vida. No tiene nada de lo que poder soltarse. Desasirse le da miedo. Porque, si lo hiciera, se quedaría sin nada entre las manos. No posee nada salvo lo exterior. Ha descuidado la riqueza interior. Si le quitan la riqueza exterior, se depaupera. A numerosas personas esto les inspira miedo.

Deberíamos desasirnos sobre todo de nosotros mismos, deberíamos desasirnos de nuestro ego, de nuestro deseo de impresionar a los demás. Pues aferrarse a uno mismo es la raíz de todo atarse a la propia persona. Este aferrarse a uno mismo lleva a la crispación, a la presión de tener que demostrar la propia valía. Quien está libre de semejante presión vive sereno: le resulta fácil ser fiel a sí mismo, sin crispación, sin presión, sin esfuerzo. Desasirse es la condición para encontrarse realmente con el otro en libertad, permitiéndole actuar como sea su deseo. Lo dejo ser tal cual es.

Una y otra vez nos vemos impelidos en la vida a desasirnos de algunas ideas queridas, a fin de entregarnos de manera siempre nueva a Dios, quien desea guiarnos por caminos inéditos. En último término se trata de desasirse de uno mismo. Con bastante frecuencia nos interponemos en nuestro propio camino. Cuando ocurre tal cosa, Dios solo puede conquistar espacio en nuestro interior si nos desasimos de nosotros mismos, si renunciamos a aferrarnos a nuestra salud, a nuestra fuerza, a nuestra posición. Tal vez nos ocurra como al cura rural del libro de Bernanos, quien poco antes de su muerte le reza a Dios: «Me has desnudado por completo, como solo tú puedes hacerlo». Pero en ello el cura experimenta también libertad, intuye que puede ponerse por completo a disposición de este Dios y, a través de él, devenir fructífero para el mundo.

DESCANSAR

MUCHAS PERSONAS creen estar persiguiendo la felicidad cuando en realidad lo que hacen es huir de ella. La felicidad está en nosotros. Correr y ajetrearse no aporta nada. Lo único que podemos hacer es detenernos y contentarnos con lo que hay en nuestro interior.

Detenerse, aquietarse es la condición imprescindible para que lo turbio que hay en nosotros se aclare, para que la niebla se disipe y podamos reconocer lo que es. Y solo si nuestro interior se clarifica encontramos sosiego en nosotros mismos y somos capaces de aguantarnos. Descansar en uno mismo, en el propio centro: tal es la condición *sine qua non* para gozar de sosiego exterior.

MIENTRAS ESTAMOS interiormente agitados, no podemos percibir la energía que fluye en nuestro interior. Hace falta tranquilidad para descubrir la fuerza que late en nosotros.

DESCANSAR, disfrutar del ocio: ahí radica la dignidad del ser humano. Pero, en la actualidad, primero debemos aprender de nuevo a tranquilizarnos de verdad. Nadie que no esté preparado para confrontarse con su propia realidad puede alcanzar sosiego.

La tranquilidad comienza por el alma. Primero debe aquietarse nuestro interior. Entonces, la tranquilidad repercutirá en el cuerpo. Cuando el corazón se haya sosegado, realizaremos también nuestro quehacer con total serenidad, nuestros movimientos fluirán de la calma interior y seremos partícipes del sosiego creador de Dios.

Busca la quietud. Sin cesar. Búscala sobre todo cuando estés agitado interiormente. Y no te sorprendas si la inquietud no desaparece de inmediato.

Tu alma se serenará cuando te trates bien a ti mismo, cuando dejes de juzgarte, cuando te mires a ti mismo y mires a tu agitada alma con ojos bondadosos e indulgentes. Déjate ir. Puedes ser tal como eres. Antes de nada, descansa. Luego podrás recorrer un trecho más del camino que te has propuesto. Pero ahora disfruta del descanso, del sosiego. En él encontrarás la armonía contigo mismo. Y si estás en armonía contigo mismo, nada podrá perturbar tu tranquilidad.

DESEAR

Los deseos nos mantienen vivos. Hay personas que son felices sin deseos. Pero se exponen al peligro de darse demasiado deprisa por contentos con lo que han alcanzado. Los deseos cuya satisfacción se aguarda impacientemente van más allá de lo superficial. Apuntan a la verdadera felicidad, que no experimentamos en este mundo, sino solo en la consumación.

No debemos resignarnos con el mundo tal cual es. Nuestro anhelo puede llevarnos a abordar los desafíos de forma productiva, a abrir puertas, superar límites y llegar a una mayor amplitud.

Si deseo realmente algo, debo luchar por ello. No puedo pensar que todo me caerá del cielo con solo desearlo. Eso sería el país de Jauja del que hablan los cuentos. Pero nuestra vida no es Jauja.

Si permitimos que afloren todos nuestros deseos, con bastante frecuencia descubrimos que en realidad podemos estar agradecidos por la vida que Dios nos ha regalado. En el deseo late la intuición de que podemos recrearnos a nosotros mismos y de que podemos recrear nuestro mundo. Pero al mismo tiempo sentimos que este mundo, que esta vida no es tan mala como con bastante frecuencia pensamos.

EN OCASIONES debemos satisfacer un deseo para ver que su satisfacción no sacia nuestro más profundo anhelo.

DESTINO

ALGO SALE MAL en nuestra vida. Y ya no nos sentimos tan felices. A pesar de todo, quien ha experimentado la felicidad resulta fortalecido por esa experiencia. Y alguien que por regla general sabe a qué atenerse asimilará las críticas ajenas o un contratiempo o un revés del destino de forma distinta que quien está insatisfecho consigo mismo. No obstante, tampoco él permanecerá en estado de dichosa armonía cuando, por ejemplo, se vea privado por la muerte de un ser querido. Semejante golpe del destino lo sacudirá al principio. Se sentirá destrozado. Pero si no se cierra a estos sentimientos y se expone al duelo, a pesar de todo y aunque experimente los altibajos de la existencia, percibirá en su interior la melodía de fondo de la felicidad. En ocasiones, esta melodía será acallada por otras melodías. Surgirán disonancias, que se superpondrán a las armonías. Pero en la quietud podemos entrar de nuevo en contacto con la melodía de fondo de la felicidad que resuena en nuestro corazón.

PODEMOS DEJARNOS llevar por la infelicidad y dudar del sentido de nuestra vida, pero también podemos verla como un desafío que nos permitirá crecer. La felicidad se halla en nuestro corazón. La elección es nuestra.

DIOS

DIOS ESTÁ EN TODAS PARTES. No debemos imaginárnoslo como un espíritu que, invisible, se mueve de aquí para allá y aparece en todas partes. Dios es más bien el fundamento que todo lo penetra, el espíritu que todo lo anima, la energía que en todo fluye, el amor que todo lo opera. Dios sostiene el mundo y, al mismo tiempo, lo penetra y empapa. Está fuera de mí y, al mismo tiempo, en mi corazón. Está en el mundo y, al mismo tiempo, por encima de él. En ocasiones debo retirarme del mundo, a fin de percibir a Dios en la quietud. Pero, si soy lo bastante sensible, puedo sentirlo por doquier.

DIOS ESTÁ EN MÍ y fuera de mí. Es el Creador que sostiene el mundo. Pero también la fuerza que todo lo penetra. Dios es quien me acompaña. Pero también el Dios lejano e incomprensible. Es el Inconcebible ante el que me postro y al que adoro. Pero también aquel que me envuelve con su amor, aquel en cuya presencia me siento a salvo. Es quien me plantea desafíos y me manda ponerme en camino, pero también quien me sostiene y me proporciona un hogar. Es el totalmente otro y, sin embargo, está en mí por entero. Allí donde soy del todo yo mismo, allí estoy también en contacto con Dios, quien me conduce a mi verdadero yo.

Dios se oculta, para mostrarnos que él es el Dios totalmente otro, sobre el que no es posible mandar y al que debemos buscar de nuevo sin cesar. San Benito exige del monje que durante toda la vida busque a Dios. Tampoco el monje encuentra a Dios para siempre. Una y otra vez debe salir de nuevo en busca del Dios oculto. Dios se muestra en ocasiones, a fin de aguijonearnos en nuestra búsqueda. Pero luego vuelve a ocultarse, para que alarguemos aún más la mano hacia él y lo busquemos de todo corazón.

Cuando devenimos uno con Dios, cuando la vida divina no puede ser separada ya de la nuestra, aunque al mismo tiempo esté en nosotros sin mezclarse, entonces alcanzamos nuestro auténtico yo, nos fundimos con la originaria y verdadera imagen de Dios que llevamos en nuestro interior. La frontera entre Dios y el ser humano sigue existiendo, aunque ambos estén unidos. La frontera entre Dios y el hombre es justamente la condición indispensable para una verdadera relación entre ellos. Se trata de una relación de amor, de una relación personal.

Dios es el amor que nos envuelve y que está en nosotros. Es el indescriptible misterio que se nos manifiesta en todo. Es un tú que sale a nuestro encuentro. Y es el espíritu que está dentro de nosotros en el hondón del alma, igual que una fuente que brota incesantemente y nos colma de frescura y vitalidad.

Lo que mueve a la mística de todas las religiones es llegar a ser uno con este Dios incomprensible, quien, en último término, es, por su esencia, amor. La mística no es algo alejado del mundo, sino un camino para creer en Dios, pero también para experimentarlo.

Solo cuando eleva la mirada hacia algo mayor que él, solo entonces vive el ser humano con integridad y sinceridad y permite a otras personas vivir de idéntica manera. Cuando no reconoce a ningún dios por encima de sí, el ser humano tiende a buscarse otros dioses, tales como el dinero, el poder, la sexualidad, el éxito. Pero estos dioses no le hacen ningún bien. Lo esclavizan. De ahí que la fe en Dios sea la garantía de la libertad del ser humano.

CUANDO NOS OLVIDAMOS de Dios, también nos olvidamos por regla general de nosotros mismos. No vivimos ya en contacto con nuestra esencia más íntima, con nuestra alma. Solo vivimos superficialmente. Llenamos el vacío con ajetreo. Así se puede vivir muy bien durante un tiempo. Pero antes o después se deja notar la carencia. Muchas personas no son en absoluto conscientes de ella, porque de continuo están ocupadas con cualquier otra cosa. No obstante, podemos confiar en que, si lo olvidamos, Dios mismo cuidará de que nos acordemos de él. Ello puede acontecer a través de un encuentro, de una palabra que nos afecta o de una profunda experiencia que no puede ser descrita sino como una experiencia de la trascendencia, del misterio; en suma, de Dios. No tenemos más que prestar atención a ello en nuestra vida.

DIOS ES LA VERDADERA meta de mi vida. Buscarlo en la quietud, en la oración, en el prójimo y en el trabajo requiere apertura, sensibilidad para su presencia en todo lo que es, disposición a dejarme afectar por él. No puedo buscar a Dios a fuerza de trabajar en ello tanto cuanto sea posible. La búsqueda de Dios conlleva, sin duda, trabajo, pero es un quehacer distinto del que realizo en la administración de la abadía o cuando escribo. Se trata de un trabajo interior, de un trabajo que llevo a cabo sobre mi alma, de un proyectarme hacia el totalmente otro, de un abrirme al misterio incomprensible.

DUELO

La tristeza reseca el corazón y lo priva de su energía. La tristeza paraliza y nos anquilosa; el duelo, en cambio, fecunda y vivifica.

Quien no quiere permitir el duelo y lo reprime se anquilosa interiormente en la depresión.

En el duelo nos encontramos con nosotros mismos sin miramientos, sin distancia alguna respecto de nuestra persona. No tenemos ya nada a mano para interponerlo entre nosotros y nuestra verdad más íntima. Todos los intentos de autojustificación quedan al descubierto, y las máscaras se caen. Para los monjes primitivos, el duelo es la condición necesaria para que en nosotros surja un hombre nuevo, creado por entero a imagen de Dios.

EDUCAR

Lo decisivo es educar a los niños con todo esmero y amor, confiando también en la propia intuición. Es importante confiar en que la semilla que plantamos en los niños brotará en algún momento. Y si los niños evolucionan de manera distinta de la esperada, los padres pueden confiar en que sus hijos tienen un ángel que los acompaña en todos los desvíos y extravíos y que, antes o después, los conducirá de vuelta al camino apropiado para ellos, al camino que los conduce a la vida.

Del sano desarrollo del niño forma parte la aceptación de los límites de la realidad. El niño no siempre va a tener a su disposición el pecho materno. No hay en todo momento qué comer. Todo se da solo dentro de ciertos límites. Las personas que no aprenden a renunciar son incapaces de desarrollar un yo fuerte.

Quien estima los valores es él mismo valioso. Su valor es respetado por otros. También los niños lo notan, y eso los hace interiormente fuertes.

La fricción genera calor. Así pues, marcar límites es de todo en todo un signo de amor. Una educación que no establezca límites no será experimentada por los niños como libertad y amor, sino como indiferencia y «ausencia de vigilancia» (Christa Meves). Eso plantea una exigencia excesiva a los niños y los torna agresivos.

Precisamente en nuestro mundo, en el que todo parece estar permitido, los niños anhelan claridad. Pero también anhelan ser comprendidos. Les gustaría que los adultos los tomaran en serio.

Los buenos padres ponen a sus hijos e hijas en camino. Los animan a buscar y emprender su senda personal. En el fondo, los progenitores que imponen a sus hijos sus propias expectativas están muertos.

El desasimiento y la confianza forman parte del arte de la educación. Son la condición imprescindible para que los propios niños aprendan a confiar en la vida. Los hijos deben desligarse de sus padres. Solo entonces pueden sentirse agradecidos por las positivas raíces que deben a estos.

EGO

QUIEN SOLO se escucha a sí mismo no tiene oportunidad de oír aquella queda voz que, seductora, lo aleja de dar vueltas y vueltas alrededor de su propia vida. Quien se aferra únicamente a sus experiencias no es capaz de desasirse, no es libre para comprometerse con el mundo y sus problemas. El mundo no hace más que molestarle en su ocupación consigo mismo. Solo quien supera su ego y entra en contacto con su fundamento interior experimenta verdadera libertad. Entonces, impulsado por esta libertad, es capaz de comprometerse con el mundo.

SOLO PUEDO ENCONTRAR sentido a mi vida si tengo claro lo siguiente: «¿Qué quiero transmitir en realidad a otras personas con mi vida? ¿Cuál es la motivación más profunda que a diario me impulsa a hacer lo que hago, cuál es la razón para esforzarme? ¿Cuál es el mensaje que me gustaría anunciar a otros con mi vida?». El sentido se hace manifiesto cuando uno trasciende su restricción al ego y se relaciona con los demás.

EL EGO nunca se aquieta. Quiere brillar siempre, dominar siempre, tenerlo siempre todo. De ahí que sea una ardua tarea desasirse una y otra vez del ego. En ello no se trata de romper el ego en pedazos. Porque sin el yo no podemos vivir. Pero el ego se manifiesta en muchas ilusiones que nos hacemos de la vida. Alimentamos en nosotros la ilusión de que tenemos todo bajo control, de que somos los mejores, de que conseguiremos cualquier cosa que nos propongamos. Solo quien se desase de su ego alcanza verdadera serenidad. Se libera interiormente del dominio de su ego.

EL EGO quiere imponerse. Y se infla. Desarrolla imágenes grandiosas que, por regla general, no se corresponden con la realidad. Las personas egocéntricas se aíslan ellas solas. Hacen que los demás se alejen. Quien ha hallado su yo verdadero puede encontrarse también con los otros de buena manera. No pretende monopolizarlos. Está abierto a su misterio. Y vive en paz consigo mismo. Es auténtico. Ha llegado a ser por entero él mismo. Para llegar a nuestro verdadero yo, debemos desasirnos del ego.

EL ENCUENTRO con el tú de Dios me exige renunciar a la estrechez de mi ego, a fin de poder llegar a ser uno con el Dios totalmente otro. Pero en la unidad persiste la conciencia de la dualidad del yo y el tú. Cuando nos fundimos con Dios, acontece lo que Martin Buber singularizó como el misterio del auténtico encuentro: «Yo llego a ser en el tú». Solo encuentro mi verdadero yo cuando me libero de mi estrecho ego y me entrego al tú totalmente otro de Dios.

PODER OLVIDARME DE MÍ MISMO: tal es la mayor de todas las gracias. Ese es el camino recto a la felicidad.

ENCUENTRO

El encuentro con los demás cambia a las personas, y la verdadera proximidad que de ahí surge les confiere una mayor amplitud. Y también cambia el mundo, lo hace más luminoso. Pero no puedo diluirme en los otros ni fundirme con ellos. En el encuentro con los demás, cuando sale bien, me experimento mejor a mí mismo, de manera más intensa.

Si solo abro el corazón al otro con intención de ser obsequiado, al final me voy de vacío. Si abro mi corazón porque el otro me interesa, porque intuyo su necesidad, porque comparto sus sentimientos, porque deseo ayudarle, entonces soy agraciado en abundancia. Si doy porque yo mismo necesito cariño o confirmación, enseguida me siento agotado. Pero si doy porque he recibido y sigo recibiendo sin cesar suficiente amor de Dios, también yo me enriquezco en la misma medida en que doy. Cuando el otro se siente comprendido por mí y se marcha aliviado después del encuentro conmigo, también yo me siento agraciado. A través de mí, alguien cobra más vida. Eso suscita en mí un sentimiento de gratitud y alegría.

El encuentro acontece siempre en la frontera. Solo experimento al otro en su alteridad si respeto sus límites. Al mismo tiempo, en el encuentro auténtico siempre se rebasan los límites. De ese modo, algo fluye entre el otro y yo. Al trascender los límites, tiene lugar un intercambio. Pero el intercambio presupone la existencia de límites. Debo ser consciente de los míos. Solo entonces puedo superarlos una y otra vez, para acercarme al otro y encontrarme con él, para conmoverlo en el encuentro y experimentar posiblemente en ello un instante de fusión.

TODO el que intenta mirar agradecido a las personas con las que se encuentra a lo largo de su vida experimentará cuánto bien le hace eso y cobrará conciencia de cuánto le ha sido regalado en la vida.

AGRADECE el encuentro con una persona a la que te has dirigido con el corazón abierto. Esa gratitud es buena. Y te hace bien a ti mismo.

Mantente abierto a los múltiples encuentros que te es dado experimentar a diario. Déjate transformar por cada encuentro. Identifícate de modo creciente con tu propia y singular figura a través de cada persona con la que te encuentres en tu camino. Pero sigue siempre tu propio camino. Ten la mirada puesta en tu propia estrella. Préstate atención a ti mismo.

ENFERMEDAD

TAMBIÉN LA ENFERMEDAD forma parte de nuestra vida. Y solo aceptándola maduramos, quizá incluso hasta convertirnos en personas sabias.

TAMBIÉN ENFERMO SOY valioso, siempre y cuando me reconcilie con la enfermedad que padezco. Entonces emana de mí algo valioso. Y con mi vida limitada por la enfermedad doy testimonio de un valor distinto, el infinito valor del amor. Puedo llegar a ser transparente para Dios en mi enfermedad. De mí depende aceptar conscientemente mi enfermedad por amor a las personas.

PRECISAMENTE UN ENFERMO, en su debilidad y fragilidad, puede convertirse para nosotros en un indicador del camino hacia la vida.

LA ENFERMEDAD rompe en pedazos la idea de que, a través de una alimentación y un estilo de vida sanos, puedo garantizarme la salud. Desbarata igualmente el concepto que me hago de mí mismo, de que soy siempre fuerte, exitoso, sano y productivo. Y también lo que pienso de la vida, a saber, que puedo hacer todo lo que me proponga. Frustra mi ilusión de que siempre es posible disfrutar a fondo de la vida. Hasta mi idea de Dios se viene abajo: la idea del Dios que me protege de toda desgracia y mantiene alejadas de mí la enfermedad y la muerte. Si dejo que se me desmoronen estas ideas, puede acontecer conmigo algo nuevo. Me abriré a mi verdadero yo. Y entonces podré descubrir quién soy en realidad.

CUANDO ACONTECE la sanación, se trata siempre de un don. No está en nuestra mano forzarla.

ENTREGA

Muchos tienen hoy miedo de entregarse (*sich hingeben*). Creen que ello significaría renunciar a sí mismos (*sich aufgeben*). Pero la entrega como rebasamiento de mis límites es condición *sine qua non* para entablar relación con el otro, para llegar a ser uno con él.

Forma parte de una vida sana el que la vida fluya en nosotros. Pero la vida solo fluye si nos entregamos, si nos comprometemos con otras personas y con el trabajo, si el compromiso nos depara alegría.

Necesitamos sensibilidad para reconocer cuándo es conveniente la entrega. Pero, cuando nos entregamos, no debemos contar temerosos las horas o la energía que empleamos. Si en la entrega nos nutrimos de la fuente interior del Espíritu Santo, no nos agotaremos. Y la entrega se convertirá para nosotros mismos en un regalo. La sensación de que la vida fluye es agradable. Nos hace felices.

Cuando nos entregamos solo por cálculo egoísta, para obtener tanto como damos, de ahí no resulta alegría ni gracia. Una conducta así no repercute en nuestro bien.

ESPERAR

LA ESPERANZA desborda actividad. Configura este mundo, porque cree que Dios ha dispuesto un futuro para él. Confía en que tiene sentido comprometerse en favor de los hombres. Cuenta con que Dios tiene preparado un buen futuro para los seres humanos. Al mismo tiempo, empero, la esperanza sabe que nuestras esperanzas intramundanas resultan vanas si no son sostenidas por la confianza en una acción mayor.

LA ESPERANZA no es optimismo sin más. No pasa por alto los aspectos trágicos de la vida.

ESPERAR SIGNIFICA no tirar la toalla por lo que respecta a uno mismo, confiar en que Dios es capaz de transformarlo todo. Nuestra alma se colmará de alegría... con solo que le demos espacio a la esperanza.

EL ANHELO dilata nuestro angosto mundo. Mantiene abierto el horizonte que se extiende ante nosotros. El anhelo no se cierra a los hechos terribles de la vida. Nos pone sobre la pista de la esperanza, que nos permite mirar de frente a la realidad sin desesperar.

La esperanza sabe esperar. Tiene paciencia. Siempre hay personas a mi alrededor a las que no les va precisamente bien, personas que están desanimadas. La esperanza confía en que es capaz de superar las crisis. La esperanza me lleva a no dejar al otro por imposible. Confío en que encontrará su camino. Y puedo esperar pacientemente hasta que el otro vuelva a entrar en contacto con su propia fuerza.

La esperanza cristiana me permite experimentar el sufrimiento de otro modo. Espero que Dios ponga fin a mi sufrimiento, no por medio de la muerte, sino a través de la curación de mi enfermedad, a través del consuelo en mi dolor, a través de una profunda experiencia de amor que transforme el sufrimiento. Y esa esperanza me permite vivir el sufrimiento de manera distinta. No tiro la toalla por lo que a mi persona respecta. Espero en Dios, y también espero en mí y en que el sufrimiento me ayudará a madurar y me conducirá a una profunda experiencia de la vida y del misterio de Dios.

ETERNIDAD

La eternidad es el instante vivido con toda intensidad, el instante en el que me hago presente por entero en lo que llevo a cabo, en lo que siento, en lo que soy. Es una experiencia que penetra por todo el cuerpo, que hace vibrar al ser humano en cuerpo y alma, que sacude lo más íntimo de la persona. Este placer contiene en sí algo del sabor de la eternidad. Y remite al único que es capaz de colmar nuestro más profundo anhelo.

En la eternidad ya no hay tiempo. Nuestra vida junto a Dios es intemporal. Es puro presente.

La vida eterna no es, en primer lugar, vida después de la muerte, sino una forma específica de vida. Es una vida que ya contiene en sí lo eterno y divino. Puesto que la muerte no tiene poder alguno sobre esta vida divina, la vida eterna sobrevivirá a la muerte. No está sujeta al límite de la muerte ni al tiempo. La vida eterna no tiene «duración», sino que es vida en todo instante, vida en plenitud.

Nuestro anhelo no cesará hasta que nos llegue la muerte. Solo entonces será colmado para siempre. Sin embargo, no necesitamos aferrarnos a esta felicidad, porque ella nos remite a otra que perdurará eternamente.

En nuestra vida como personas no podemos apresar la eternidad. Pero en el instante en el que estamos inmersos por completo en la contemplación, en ese instante en el que el tiempo y la eternidad coinciden, tenemos una intuición de algo duradero, permanente, eterno, de algo que ya no vuelve a desmoronarse. En ese instante entendemos qué es la eternidad. Y en instantes semejantes experimentamos asimismo una relación intrínseca entre nuestro limitado tiempo de vida y la eternidad. En nuestro limitado tiempo irrumpe sin cesar la eternidad. Cuando eso ocurre, tocamos algo que trasciende el tiempo y no está sometido a la caducidad de lo temporal. Eso que en tales experiencias no podemos más que vislumbrar se hará realidad para siempre después de la muerte.

EXPERIENCIA DEL LÍMITE

LA FUERZA crece con la meta. Quien persiga una meta y se dirija hacia ella se dará cuenta entonces -y solo entonces- de todo lo que es capaz. Sobrepasará sus límites y chocará con otros nuevos. Entonces deberá darse por satisfecho con esos límites hasta que note un impulso que lo lleve a superarlos igualmente. Hasta que no los he rebasado no sé dónde estaban mis límites. Quien nunca se aventura hasta el límite y un poco más allá, nunca llegará lejos. Limitarse a cultivar el propio bienestar termina por hacerse aburrido. A toda persona le hace bien rebasar sus límites y explorar sus posibilidades. Solo así resulta fructífera la vida.

PARA QUE MI VIDA dé fruto debo conocerme, aceptarme y amarme en mi limitación. Mi potencial intelectual y anímico es, me guste o no, limitado. Es cierto que puedo y debo intentar dilatar tales límites, pero eso no se puede hacer a discreción.

DEBO ser consciente de mis límites. Solo entonces puedo rebasarlos sin cesar, a fin de acercarme al otro y encontrarme con él, conmoverlo en el encuentro y, si es posible, experimentar con él un instante de unidad.

La llave de la felicidad radica en amar la propia limitación, así como en amar a las personas con sus límites.

La observancia del límite exterior es importante también para el alma humana. Para no diluirse interiormente y conservar su identidad, la persona precisa de la protección de los límites.

Quien está en su propio centro es quien más protegido se encuentra frente a la transgresión de sus límites.

El ser humano choca en su vida necesariamente con el límite que es la muerte. Es un signo de sabiduría humana aceptar este límite. El límite de la muerte nos invita a decir «sí» a nuestra limitación humana y, al mismo tiempo, a la carencia de límites que Dios nos regala.

Este límite es una invitación a vivir de forma consciente e intensa aquí y ahora, a intuir el sabor de la vida. No tengo necesidad de embutir todo a la fuerza en este tiempo limitado.

El mayor límite que el ser humano puede superar es el límite que lo separa de Dios. Quien sobrepasa ese límite encuentra la vida verdadera. Somos capaces de rebasar ese límite porque Dios lo ha franqueado por nosotros en la encarnación. Pero este rebasamiento de límites no podemos llevarlo a cabo a discreción. Acontece en nosotros. Siempre es una gracia divina.

Quien cree en Dios como el más allá del límite percibirá una y otra vez las múltiples experiencias liminares que vive en la tierra como indicio de esa superación de límites que es la resurrección.

FE

PARA MÍ, la fe es sobre todo la capacidad de poner todos los aspectos de mi vida en relación con Dios y, en último término, la capacidad de estar siempre en relación: en relación con la trascendencia y con el suelo sobre el que me alzo, en relación conmigo mismo y con las personas que se sitúan junto a mí para encontrarse conmigo y, en ese encuentro, descubrir su propio emplazamiento.

ESTAMOS INMERSOS en una realidad mayor que nosotros, la cual nos ofrece un punto de apoyo en medio de la inconsistencia del mundo. Tener fe consiste en salir de la vorágine, con la intención de encontrar un fundamento firme sobre el que construir la casa de nuestra vida sin que esta se venga abajo. Si estoy firmemente asentado en la fe, puedo entablar también buenas relaciones: con Dios, en quien me asiento, pero también conmigo y con los demás.

LA FE no es una fuerza mágica que haga existir por arte de encantamiento aquello en lo que se cree. En la fe me pongo más bien en manos de Dios. En esta fe, confío no en que él satisfaga incondicionalmente mis deseos infantiles, sino más bien en que me agracie con lo que me permite vivir de verdad.

FELICIDAD

La felicidad es expresión de una vida plena. Trabajar para ser feliz significa, pues, llevar una vida plena, vivir de forma consciente, con todos los sentidos, haciendo uso también de la fuerza que late en uno, entregándose a una tarea o a una persona. Pero no es posible construir uno mismo la felicidad en el sentido de no tener más que salir a correr un poco, para segregar así hormonas de la felicidad que desencadenen emociones positivas en el cerebro. Tal felicidad no es más que un sentimiento momentáneo y efímero. No existe ningún método acelerado para conquistar la felicidad. La felicidad destinada a durar requiere una actitud interior. Erasmo de Rotterdam pone nombre al núcleo de la felicidad: «Querer ser el que eres». No es tarea fácil, pues exige trabajo interior. Es decir, debo despedirme de las ilusiones que me he hecho sobre mí, de la ilusión de ser perfecto, de ser el mejor, el más inteligente, el más exitoso.

Es siempre decisión mía ser feliz o no. Y de ello forma parte, en el fondo, una porción de humildad, la disposición a reconciliarme con mi naturaleza limitada.

La felicidad no es algo puramente subjetivo. Se encuentra en el frescor de la mañana, en la magia del instante, en la belleza del sol naciente. Pero quien no está despierto no puede percibir la felicidad que lo envuelve.

QUIEN NO SIENTE la felicidad en su alma, en vano corre tras ella en el mundo de las propiedades o del éxito. Nunca poseerá lo suficiente, nunca será lo bastante respetado, nunca tendrá tanto éxito como para sentirse feliz. La felicidad habita en el alma, en el espacio íntimo de la persona.

LA FELICIDAD QUE EXPERIMENTAMOS es siempre solo relativa. La felicidad absoluta, dicen los teólogos en su lenguaje, únicamente nos aguarda en el cielo después de la muerte. En la vida diaria, la felicidad se encuentra inevitablemente discutida y amenazada. Sobre todo, no podemos poseerla en el sentido de «apresarla». Solo de cuando en cuando nos es dado experimentar el estado de felicidad absoluta. En tales momentos somos totalmente uno con nosotros mismos y con todos los seres humanos, con el mundo y con el fundamento último de la realidad. Entonces somos felices.

MÍSTICOS DE TODAS LAS RELIGIONES han descrito la felicidad suma. Su conclusión: feliz es quien llega a ser uno con Dios y, en él, consigo mismo y con el mundo entero. Así, la felicidad bien podría entenderse como la capacidad de integrar en la relación con Dios todas las experiencias que vive el ser humano. La felicidad que me regala una persona, la felicidad que experimento a consecuencia de la buena marcha de mi vida, una vivencia feliz gracias a la experiencia de la belleza en el arte o en la creación: todo eso tiene también siempre un horizonte mayor. En todo ello es Dios, en último término, quien me obsequia. Y en toda felicidad late la promesa de una felicidad indestructible y duradera.

FIDELIDAD

SER FIEL A OTRO significa: puedes confiar en mí. Te respaldo tal como eres. El sí que te digo no está vinculado a reservas de ningún tipo. Pero eso no quiere decir que me vaya a dejar apartar por ti del camino recto ni de mis convicciones íntimas ni de mi verdadera esencia. La fidelidad al otro no incluye dejarme arrastrar por él a algo malo. La fidelidad significa más bien: no juego con nuestra relación. Te respaldo y no te dejo caer si descubro algo en ti que no me gusta. Te considero capaz de reencontrar tu verdadera esencia si alguna vez te alejas de ella.

SOLO EN LA FIDELIDAD al otro puedo desplegar el potencial que late en mi alma. Recorro un camino con él. Y a lo largo de ese camino común descubrimos algo que es mayor que nosotros. En la fidelidad al otro me trasciendo a mí mismo. Lo cual me permite superarme y crecer hasta alcanzar la figura que Dios ha pensado para mí y que, no obstante, es mayor de lo que yo hasta ahora había visto en mí.

LA FIDELIDAD es la promesa de permanecer fiel a mí mismo y al otro a través de todas las transformaciones que se den en mí y en el otro. Digo «sí» a una persona de la que no sé en qué dirección evolucionará. Así, la fidelidad siempre conlleva un riesgo y constituye un atrevimiento. Pero en este atrevimiento late el anhelo de recapitular mi vida en una palabra, en ese sí. Y esa es la palabra en la que tanto el otro como yo podemos confiar.

FRACASO

EL FRACASO, que al principio deja todo hecho añicos, puede ser el lugar en el que Dios junta los fragmentos de mi vida y compone la figura que se corresponde con mi verdadera esencia. En ocasiones, el fracaso es un signo de que nos hemos creado –y hemos intentado realizar en nuestra vida– una imagen de nosotros mismos que no se correspondía con la imagen más íntima que Dios se ha hecho de nosotros. El fracaso también es, pues, la oportunidad para familiarizarnos con esa imagen única y singular de Dios que existe en nuestro interior. Pero el camino hacia ello pasa, naturalmente, por el dolor de la decepción, por el dolor de las heridas interiores y por la tristeza de ver hechos pedazos mis proyectos vitales. Sin embargo, para los cristianos, la cruz es un signo de la esperanza de que no existe ningún fracaso que no pueda ser transformado, ningún fracaso que no pueda convertirse en un levantarse hacia nuevas posibilidades, en resurrección hacia la espaciosidad de Dios.

SI LO ENTIENDO en el sentido de que algo se ha roto en mí con el fin de que mi núcleo verdadero se manifieste con mayor claridad, entonces puedo reconciliarme con el fracaso. Ya no me roba mi dignidad ni tampoco me abate. Me es posible incluso verlo como una oportunidad para madurar y crecer y convertirme cada vez más en aquel que en realidad soy a ojos de Dios.

JUSTAMENTE ALLÍ donde no tengo nada bajo control, vislumbro lo que significa vivir por la gracia de Dios. Nada me obliga a ser perfecto en mi vida. Hago lo que está a mi alcance. Pero también con mi debilidad estoy en manos de Dios. Él no me dejará caer. No retirará sus manos, aun cuando muchas cosas discurran de forma distinta de como yo me lo había imaginado. Así, el miedo al fracaso también puede convertirse en un ángel que me acerca a Dios.

GRATITUD

La gratitud no se aferra a nada. Es una actitud fundamental que puede ser alimentada por todo lo que acontece. Es siempre el instante en el que me siento agradecido, agradecido por lo que me ocurre en este preciso instante, por lo que me pone en movimiento, por lo que me plantea desafíos, por lo que me hace feliz.

La gratitud constituye a las personas, porque en esta actitud cobramos conciencia del carácter relacional de nuestra existencia, nos percatamos de nuestra vinculación con los demás y reconocemos que no vivimos solos. Esto vale para nuestra relación con otras personas a las que nos encontramos ligados y sin las cuales no podríamos vivir. Pero también para nuestra relación con Dios, que es el fundamento más profundo de nuestra existencia. La gratitud es la más honda oración, afirmó en una ocasión David Steindl-Rast.

La gratitud confiere a la vida un maravilloso sabor. La gratitud transforma mi vida. Si contemplo mi vida con gratitud, lo oscuro se ilumina y lo amargo adquiere un sabor agradable. La gratitud me impide caer en la pusilanimidad y la amargura y me aproxima a Dios.

La gratitud tiene ojos para lo valioso de mi vida. Y cuida de que no se pierda nada de valor.

La gratitud confiere perdurabilidad al amor. Quienes se aman desean obsequiarse mutuamente. El mayor regalo que pueden ofrecerse es el amor recíproco. Pero solo cabe disfrutar el amor si se recibe con agradecimiento.

LA GRATITUD no pasa por alto lo negativo. Pero tampoco se obsesiona con ello; antes bien, ve en este mundo nuestro, con bastante frecuencia imperfecto, lo bueno que a diario nos sale al encuentro. Ve la realidad en su conjunto y ensancha nuestra percepción. Y de este modo, la mirada agradecida nos abre los ojos para el regalo que la vida es ya en sí. Nos sentimos agradecidos por poder levantarnos sanos día tras día, por respirar, por ser por entero nosotros mismos, por tratar con personas que nos respetan. Sin embargo, la mayor felicidad es que nosotros, como seres humanos, podemos llegar a ser uno con Dios y a encontrarnos a nosotros mismos en su amor.

SE TRATA, sobre todo, de aceptarse uno a sí mismo y de estar agradecido por lo que es. Mírate a ti mismo con buenos ojos. Eres único tal como eres. Eres valioso. Ante Dios, tienes un valor infinito. Cuando dudes de ti mismo, puedes pronunciar una y otra vez las palabras que te fueron dirigidas en el bautismo: «Tú eres mi hijo amado, mi hija amada, en ti me complazco». Eres valioso ya antes de aducir mérito alguno, ya antes de demostrar tus virtudes.

GRATITUD QUIERE DECIR estar de acuerdo con mi vida, estar en armonía con quien he llegado a ser. Y para mí gratitud significa igualmente sentir una profunda paz interior, reconocer que todo está bien tal como está. Pero esta gratitud está signada al mismo tiempo por la actitud de la humildad. Sé que no puedo envanecerme de nada de lo que ha llegado a ser. Podría haber resultado de otra manera. Dios solamente me ha permitido vivir tanta oscuridad y tanto caos como puedo soportar. No me ha exigido ni me ha probado por encima de mi medida. Así pues, la gratitud me preserva del orgullo y me impide vanagloriarme de mis propios méritos o capacidades. Sé que es todo es don: un don de Dios, pero también de personas a las que tengo mucho que agradecer. De ellas he aprendido a confiar en la vida y a buscar a Dios en todo.

HOGAR

Allí donde Dios habita en mí, allí soy al mismo tiempo por entero yo mismo. Allí tengo libertad respecto de las expectativas de los hombres, de sus juicios y condenas. Allí estoy sano e íntegro y nadie puede herirme. Allí soy originariamente yo. Quien vive esa experiencia ha llegado a su hondón, ha encontrado su verdadero yo. Y allí se siente en casa.

Me siento en casa allí donde soy amado, donde no tengo que representar ningún papel, donde puedo ser como soy, porque me sé incondicionalmente amado. Esta experiencia tiene que ver también con un amor que es mayor que la simpatía personal. Este amor no tengo que ganármelo a base de esfuerzo. Me es regalado. Es, sin más. Este amor me sostiene.

HUMILDAD

EN EL TRATO CON NOSOTROS MISMOS precisamos las antiguas actitudes de la humildad y la justa medida. Solo entonces encontraremos un camino que nos lleve a reconciliarnos con nosotros mismos, a aceptarnos tal como somos y, al mismo tiempo, a no renunciar a la esperanza de que seguiremos creciendo interiormente y familiarizándonos cada vez más con la figura que Dios se ha hecho de nosotros.

LA HUMILDAD ES algo distinto de la resignación. La humildad debe ir asociada siempre a la esperanza.

LA HUMILDAD -*humilitas* en latín, *Demut* en alemán- denota el coraje (*Mut* en alemán) de descender del trono de mi infatuación para ser hombre entre los hombres, la valentía de aceptarme en mi humanidad, en mi carácter terreno. *Humilitas* deriva de *humus*, de «tierra». Quien es humilde tiene ambos pies sobre la tierra y no se eleva por encima de los demás. Del mismo modo, el humilde es misericordioso con otras personas. Así, precisamente la experiencia de la propia culpabilidad puede propiciar que nos tratemos bien a nosotros mismos y tratemos bien a los demás.

CONFESAR nuestros límites resulta doloroso. Y requiere humildad. La humildad designa el coraje de reconocer la verdad, el coraje de descender a la realidad de nuestro cuerpo y nuestra alma, a la realidad de nuestra constitución psíquica.

La humildad significa estar en contacto con la realidad: mantengo ambos pies en la tierra. Ni levito ni me refugio en castillos en el aire. Quien tiene los pies en la tierra reconoce también sus límites. Sabe que ha sido tomado de la tierra y que, por tanto, sus posibilidades son limitadas.

INSTANTE

EL TIEMPO que tenemos es el tiempo que Dios nos ha regalado. Y lo que hagamos exactamente no es tan importante. Lo decisivo es que en todo instante estemos delante de Dios.

SI ESTOY por entero en el instante, nunca experimento el tiempo como algo angosto y limitado. Ahora estoy en este instante. Y este instante me es regalado. Intento hacerme del todo presente. Pero no me presiono a mí mismo.

EL PASADO y el futuro podemos dejárselos a Dios. No sabemos qué traerá consigo el futuro. Y en nada nos ayuda ocuparnos poco a poco del pasado. Déjale irse. Sumérgete en el instante.

INTENTA estar por entero en el instante, percibir el tiempo en el que ahora, en este preciso instante, respiras, te experimentas a ti mismo, reflexionas, lees. Este instante te pertenece. Presta atención al diferente carácter del tiempo: el tiempo de la mañana, el del mediodía, el de la tarde y la noche. Todo tiempo tiene su propia índole. La mañana recién estrenada quiere refrescarnos. A mediodía pedimos que Dios atempere el calor interno. Y a la caída de la tarde podemos mirar atrás agradecidamente y disfrutar del tiempo que nos es regalado, para aquietarnos o conversar unos con otros.

AHORA, EN ESTE PRECISO INSTANTE, vivo delante de Dios. Y estoy envuelto en su amor. Eso basta. Lo que ha sido y lo que pueda ser no me inquietan ni preocupan.

JUSTICIA

MI DESAFÍO personal es ser justo con las personas que me rodean, en mi familia, en mi empresa, en mi comunidad. La codicia que constato en mi entorno está también en mi corazón. En este sentido, mirar el mundo codicioso e injusto que me rodea siempre conlleva el reto de contemplar mi propio corazón, a fin de liberarme allí de la codicia. Por eso es importante que encuentre la paz que late en mi corazón. No la puedo encontrar emigrando del mundo, sino solo en la medida en que, en medio del mundo, me libere de los criterios de este mundo. Pero esta paz interior no la disfruto solo para mí. Más bien se trata de la condición *sine qua non* para poder comprometerme en pro de este mundo.

LA JUSTICIA no se reduce a la justicia social, a que yo sea justo con todas las personas y reparta justamente los bienes del mundo. Más bien, la justicia comienza por ser uno justo con las distintas potencias del alma. Por tanto, si quiero vivir como es debido, he de tomar en consideración todo lo que hay en mí. De este modo seré justo conmigo mismo. Y entonces devendré capaz de ser justo también con los demás y de tratarlos correctamente.

LIBERTAD

PODEMOS decidirnos por la vida o en contra de ella. Cuando nos levantamos por la mañana, somos libres para adoptar una u otra actitud ante la vida. Depende de nosotros decir «sí» al día que comienza o lamentarnos de que debamos hacer esto o aquello y de que nuestra libertad se encuentre restringida. No gozamos de libertad absoluta, pero sí de una libertad relativa. Y en esta libertad decidimos en último término sobre nosotros mismos.

A MENUDO TEMEMOS decir «no» a las expectativas de otras personas. Podríamos ofenderlas. O tal vez ser rechazados y perder nuestra popularidad. Así, con frecuencia nos dejamos aplastar por las exigencias de los demás. El problema no radica en esas exigencias en cuanto tales, sino en nuestra reacción ante ellas. Debemos recuperar nuestra libertad interior. Solo entonces podremos abordar con serenidad las exigencias ajenas.

SOMOS ÚNICOS. No se trata de ser mejores, más fuertes, más inteligentes o más apuestos que los demás. Lo que importa es más bien alcanzar la armonía con nosotros mismos. Si estoy en armonía conmigo mismo, podré encontrarme con los demás con plena libertad.

DONDE Dios reina, el ser humano es libre. Donde reinan ídolos como el dinero, el poder o el éxito, el ser humano se convierte en esclavo. La Iglesia del futuro es abogada de la libertad y dignidad del ser humano y, al mismo tiempo, el lugar en el que este encuentra un hogar en medio de este mundo. Pues solo es posible sentirse en casa allí donde habita el misterio.

LA LIBERTAD es una actitud interior. Tengo libertad respecto del poder de los hombres, respecto de sus expectativas y juicios. Y también respecto de la presión a la que yo mismo a menudo me someto. Me siento libre para obedecer a mi conciencia, para vivir en armonía conmigo mismo: esa es la verdadera libertad. Nadie me puede privar de la libertad de pensamiento, aun cuando ya no sea capaz de hacer mucho hacia el exterior. Y esta libertad se expresa asimismo en que tengo la valentía de decir lo que pienso.

NO PODEMOS eludir la enfermedad ni la vejez. Pero somos libres para adoptar una u otra actitud ante ellas. Y la libertad última consiste en afirmar interiormente aquello que nos es dado, optando así por aquel de quien recibimos la vida.

QUIEN TIENE su fundamento en Dios está libre del poder de los hombres. No se rige por las expectativas y criterios de estos. Tal experiencia es, en el fondo, la más profunda experiencia de libertad. Pues ahora ya no estoy sometido al dominio de los hombres. Pueden dominarme exteriormente, pero no controlar mi verdadero yo. En eso consiste el ser libre.

ES RESPONSABILIDAD MÍA reaccionar a las circunstancias, a la «dote» de mi vida y crear algo con lo que me es dado. Sin embargo, no puedo trabajar en contra de mi esencia, sino conjuntamente con ella. Por consiguiente, debo ser consciente de cómo me ha conformado mi educación. Entonces puedo ver cómo reacciono ante este hecho. Puedo adaptarme a lo que soy y ponderar cuál es la mejor manera de tratar mis heridas, más aún, de darles forma para que de ellas pueda emanar fuerza. Otro tanto vale para el medio social en el que me muevo o del que provengo. Puedo tratar de encontrar mi lugar en el mundo, así como una tarea que sea realmente adecuada a mi ser. Incluso con independencia de mi profesión me corresponde una tarea: configurar este mundo de manera más humana, posibilitar que irradie en él algo de la filantropía de Dios.

LA PRESIÓN EXTERIOR me vivifica. Pero solo si al mismo tiempo me siento interiormente libre respecto de esa presión. No tengo por qué satisfacer a todo trance las directrices exteriores. Me las tomo como un desafío. Pero lo que no puede ser, no puede ser y punto.

MEDIDA

Los primitivos monjes decían: «Todo exceso proviene de los demonios». Así pues, el mal también puede disfrazarse de bien y anunciar o vivir el bien desmesuradamente. Cuando una persona no es más que pía, la piedad puede fácilmente volverse agresiva, hiriente y querer siempre tener razón. Muchas personas pías no se dan cuenta en absoluto de que en nombre de Dios dominan a otras, las condenan e incluso las asesinan. El mal que se presenta bajo la forma de lo bueno y lo pío es el más difícil de combatir.

La meta de la justa medida es el descanso del alma, el equilibrio interior, la armonía con uno mismo. Pero eso solo lo consigo si ordeno correctamente todo lo que hay en mí.

Solo quien hace justicia a su propia esencia y se mantiene valientemente fiel a lo que es importante para él, solo quien acepta su medida y no persigue sin pausa necesidades desmesuradas, solo quien es sensato y sabe evaluar adecuadamente las distintas situaciones, solo ese será capaz de vivir bien a la larga.

Encontrar la medida justa significa descubrir la tensión que genera energía en mí. Ni el exceso de tensión ni su ausencia son beneficiosas para mí, sino solo la medida que Dios me ha asignado. Sin embargo, para descubrir esa medida, debo ir hasta el límite. De lo contrario, siempre la estimaré demasiado por lo bajo.

TAMBIÉN EL PLACER necesita la justa medida. Los deseos exagerados y la avidez insaciable conducen a la decepción: «Nada contentará a quien no se da por satisfecho con lo poco», se dice en Grecia.

LA JUSTA MEDIDA no es sinónimo de mediocridad. Solo me percato de cuál es mi medida cuando la desbordo. Pero a la larga no puedo vivir por encima de mi medida. De lo contrario, enfermo y me desmorono.

NO PUEDO DEJAR que otros prescriban cuál es mi medida. Debo defender mis límites, aun a riesgo de que mi entorno me tilde de egoísta.

MIEDO

EXISTE EL MIEDO que nos hace temblar. Pero también hay miedos que nos llaman la atención sobre algo importante en nuestro entorno o en nuestra alma. Existe el miedo que nos pone sobre aviso de peligros. Y existe el miedo que nos exhorta a no sobrepasar nuestra medida.

No se trata de superar todos nuestros miedos. Lo importante es aprender a vivir con el miedo. En cuanto me reconcilio con mi miedo, este se transforma. Sigue estando ahí, pero ya no me tiene bajo su control.

LA REPRESIÓN DEL MIEDO lleva al entumecimiento y consume mucha energía. Quien mantiene su miedo bajo llave se ve privado de la energía necesaria para vivir. A menudo se siente exhausto. Por eso, el miedo tiene que ser transformado. Entonces se convierte en una fuente de vida para nosotros, en una fuente de veracidad, claridad y atención. El camino hacia la transformación pasa por conversar con el miedo, por abrirlo a Dios.

SI NOS ATREVEMOS a hablar con nuestro miedo, pierde su poder. Deberíamos contemplar nuestro miedo y hablar de él con otras personas. Quien mira a su miedo de frente deja de estar determinado por él. Quien se limita a luchar contra su miedo suscita en este una energía contraria tan intensa que la persona gira de continuo en torno a su miedo y es perseguida por él. En cambio, quien lo mira con ternura y se hace amigo suyo es guiado por él a una mayor vitalidad y libertad, a una nueva profundidad en la confianza y el amor. Y finalmente será conducido al fundamento último de nuestra vida y nuestro amor.

CONFRÓNTATE con tu miedo. No lo niegues, transfórmalo. El miedo es una fuerza vital. Quiere decirte algo. Escúchalo. No huyas de tu miedo. Pero tampoco te aferres a él. Míralo sin miedo.

Conversando con el miedo no solo me pregunto a qué siento miedo, sino también para qué lo siento. ¿Qué quiere decirme el miedo? ¿Qué anhelo late en él? El miedo al juicio de los demás quiere decirme que no debo construir la casa de mi vida sobre la arena de las opiniones ajenas, sino que debo hacerlo sobre un fundamento firme, sobre la roca que me sostiene. Y los demás no pueden ser esa roca; en el fondo, solo Dios es esa roca.

POR DEBAJO DE MIS MIEDOS hay un espacio de quietud al que ningún miedo tiene acceso. Allí, Dios habita en mí. Y donde Dios habita en mí, el miedo no puede dominarme. Esto no disipa mis miedos, pero los relativiza. En mí hay un ámbito en el que el miedo no es capaz de penetrar y donde no puede convertirse en una amenaza para mí.

EL MIEDO nos acompañará hasta que en la muerte nos entreguemos a Dios. Pero ya no nos tendrá bajo su control. En medio de nuestros miedos podemos oír una y otra vez las palabras consoladoras, alentadoras y liberadoras de Jesús: «¡No tengáis miedo!».

TAMBIÉN EL MIEDO A LA MUERTE puede llegar a ser acompañante nuestro en el camino hacia Dios. Puede convertirse en recordatorio de nuestro ser en Dios y llevarnos a decir: tanto en la vida como en la muerte, soy en Dios. Y, así, no supone gran diferencia vivir o morir. Esto nos recordará que somos seres humanos, no dioses, que somos mortales, no inmortales. Pero en nuestra mortalidad nos encaminamos hacia Dios. En él se cumple nuestro anhelo de vida eterna. Cuando nos encontremos con Dios, lejos de disgregarnos, nuestro núcleo más íntimo, nuestra persona, será salvado para siempre. En efecto, solo en Dios brillará en su verdadero resplandor la imagen originaria y verdadera que él mismo ha imprimido en nuestra alma.

MISERICORDIA

La misericordia no es sino la bondad y la indulgencia para con uno mismo y para con los demás. Sería falso creer que el cristianismo solamente habla del amor al prójimo. Que esta religión prescribe preocuparse por los demás, pero no por uno mismo. Misericordiosa es la persona que se ocupa de los infelices y los pobres. Pero, antes de poder ocuparse de ellos, debe interesarse por el pobre y el infeliz que lleva dentro.

Ser bueno con uno mismo significa, antes de nada, aceptarse tal cual se es. Solo puedo cambiar aquello que he aceptado. Así pues, primero debo reconciliarme con mi historia, con mi carácter, con mis virtudes y debilidades. Y, sobre todo, debo reconciliarme con mi cuerpo tal como es.

La misericordia de Dios debe enseñarnos a tratarnos misericordiosamente a nosotros mismos en lugar de juzgarnos de continuo y autoenfurecernos. La dureza con uno mismo brota siempre del miedo a no ser lo bastante bueno. La misericordia es una vía para sellar la paz con nosotros mismos. Si dejamos que la misericordia de Dios fluya hacia los reproches que nos hacemos y se introduzca en ellos, el miedo de no ser dignos se apaciguará.

MUERTE

El ser humano tropieza inevitablemente a lo largo de su vida con el límite de la muerte. Aceptar este límite es un signo de sabiduría humana. El límite de la muerte nos invita a decir «sí» a nuestra limitación humana al mismo tiempo que a la ausencia de límites con la que Dios nos ha obsequiado. Este límite es una invitación a vivir de forma consciente e intensa aquí y ahora, a intuir el sabor de la vida. No tengo por qué meter todo a presión en este tiempo limitado. Si acepto el límite de la muerte, puedo sentirme agradecido por cada instante. Experimento en él su plenitud. En este breve tiempo en el que estoy del todo presente, participo de todo. En este tiempo limitado experimento el carácter ilimitado de la eternidad.

Que la vida de una persona tenga o no éxito depende de su forma de abordar el límite último de su vida.

Solo podemos aceptar el límite que representa la muerte si somos conscientes de que en nosotros existe a la vez algo que no puede ser limitado por ese límite. Lo ilimitado que hay en nosotros es el amor. El amor trasciende el límite de la muerte. Pero al mismo tiempo lo acepta como tal.

En la muerte traspasamos definitivamente el umbral de la vida eterna, de la vida divina. Entonces habitaremos para siempre en la casa de la vida y en la casa del amor.

A la vista de la muerte percibo el sabor de la vida. Si tengo presente que cada día puede ser el último para mí, no desperdiciaré inadvertidamente el día de hoy. Si mi paseo de hoy por la naturaleza puede ser el último que dé en la tierra, lo viviré con mayor conciencia y con todos los sentidos alerta. Percibiré mi aliento, sentiré el viento en mi piel. Y daré gracias por todo lo que experimento.

Solo podemos morir bien si en vida nos ejercitamos en aquello que constituye la muerte, esto es, en el desasimiento. De continuo nos vemos obligados a desasirnos de algo. Para llegar a ser adultos, debemos desasirnos de nuestra infancia. Cuando nos hacemos mayores, debemos desasirnos de nuestra fuerza, con vistas a descubrir la riqueza interior de nuestra alma. También debemos desasirnos de nuestro ego, de suerte que pueda crecer en nosotros algo mayor. Y en la muerte tendremos que desasirnos de nuestra vida y de todo aquello a lo que nos aferramos, a fin de ser uno con Dios.

La muerte es el límite de mi vida. Cuando traspase este límite, no moriré hacia la nada, sino hacia la plenitud de la vida, a Dios. Por consiguiente, mi muerte no es solo el fin, sino también un nuevo comienzo, una transformación de la vida, el cumplimiento de mi más profundo anhelo. Así, pensar en la muerte confiere mayor intensidad a mi vida. Y la integración de la muerte en mi vida me libera del miedo a la muerte. La muerte ya no se alza ante mí como algo amenazador. No aminora ni destruye mi valor. Se trata más bien de la meta en la que por fin seré enteramente, de forma diáfana y pura, tal y como fui pensado desde el principio.

En la muerte se consumará todo lo que he intentado realizar aquí. Entonces, mi persona resplandecerá en su brillo originario y encontrará en Dios su cumplimiento.

UNA BUENA ACTITUD es entregarse a Dios en la muerte, liberarse de la presión de hacer grandes cosas o del miedo de tener que presentar méritos o demostrar algo a Dios. Las manos vacías nos preparan para la entrega, que es de lo que en el fondo se trata. Al final nada es tan importante como entregarnos a Dios con las manos vacías y confiar en su misericordia y benevolencia.

QUIEN CREE EN DIOS como el más allá del límite percibirá una y otra vez las numerosas experiencias liminares que se viven en la tierra como indicio de esa superación de todo límite que es la resurrección.

ORACIÓN

Ya solo la idea de que estamos sentados delante de Dios y le abrimos el corazón nos hace bien. Orar puede ser hablar. En la oración, le hablamos a Dios. Le decimos a otro qué es lo que nos mueve. Siempre nos relacionamos con un tú, aun cuando este tú a menudo se nos escape. Pero orar no solo quiere decir hablar. También puede significar permanecer, sin más, en silencio delante de Dios. Estoy sentado quedamente ante Dios y le presento los pensamientos que brotan en mí. Se trata de un encuentro con uno mismo teniendo a Dios por testigo. En la oración escucho el silencio, a fin de percibir lo que Dios me responde.

A Dios podemos pedirle todo, para nosotros mismos o para otras personas. Y a veces también podemos experimentar que la oración obra algo, de suerte que a nosotros o al otro nos va mejor o se cura una enfermedad. Pero eso no cabe darlo por sentado. A toda oración le añadimos: «¡Hágase tu voluntad!». Por medio de la oración no podemos forzar a Dios a hacer esto o aquello. Se lo podemos pedir. Ya la sola petición transforma nuestra situación. Y a veces es posible experimentar también el milagro de que algo cambia realmente. Al menos, la oración nos transforma a nosotros. Cuando rezo por otra persona, se acrecienta mi esperanza por lo que a ella respecta; y, así, puedo encontrarme con ella con mayor confianza. A menudo descubro en la oración qué es lo que podría decirle al otro. La oración me cambia a mí y cambia mis relaciones. Y me es lícito confiar en que Dios hará aflorar en el otro nuevos pensamientos, en que lo colmará de paz y seguridad.

ORAR no nos libera de la aflicción. Pero pretende darnos una posición firme para arrostrarla. En medio de la falta de perspectivas de nuestros reprimidos sentimientos, orar nos pone en contacto con la fuerza que late en el fondo de cada alma.

ORAR me conduce cada vez más cerca de Dios. Pero también me pone en contacto con mi propia esencia, que con bastante frecuencia permanece oculta en la profundidad de mi alma.

PACIENCIA

TENER PACIENCIA no quiere decir que uno haya de resignarse para siempre al conflicto o concertar compromisos precarios. En la paciencia late asimismo la fuerza de trabajar para propiciar el cambio y la transformación. Pero también el tiempo ocupa un lugar importante en la paciencia. Nos damos tiempo a nosotros mismos y damos tiempo a los otros, a fin de que las cosas puedan cambiar.

SIN NADA QUE ESPERAR, el ser humano se anquilosa. Quien ya nada puede esperar, tampoco es capaz de entender el misterio del tiempo. El tiempo es siempre promesa de eternidad.

PROBABLEMENTE ES INHERENTE a la naturaleza del ser humano querer hacerlo todo por sí mismo. Mientras espera, le resulta difícil reconocer en su impotencia que el crecimiento y la maduración no están en sus manos, sino en las de otro, ya sea el proceso interior, ya sea Dios, que opera el crecimiento y la maduración.

ESCUCHAR LO QUE RESUENA EN UNO mismo requiere tiempo y paciencia. Pero solo así adquiero olfato para mi inconfundible esencia. Quizá se formen también palabras capaces de expresar la senda por la que se desarrolla mi vida. Para mí personalmente, una de esas palabras es «amplitud». También a mi alrededor me gustaría irradiar, con un corazón ensanchado, amplitud y libertad.

PAZ

LA PAZ NO PUEDE ser decretada desde arriba. Debe ser instaurada precisamente en los lugares de discordia.

LA PAZ debe brotar desde dentro, no en virtud de un poder exterior. Y la paz surge solo cuando estamos en armonía con nosotros mismos. Satisfecho consigo mismo estará quien viva por entero en el instante, quien no se aferre a sus deseos y se entregue a este instante. Dice sí a lo que es y a lo que tiene.

Todos conocemos en nosotros el anhelo de paz. Pero, si somos sinceros, también descubrimos en nosotros zonas marcadas por la discordia y en las que nos sentimos desgarrados. Debemos dejar que la paz penetre en las regiones no pacificadas de nuestra alma, en el caos interior, en las guerras de trincheras que también se dirimen en nuestro propio corazón.

CUANDO LA PAZ haya penetrado en todas las zonas de nuestro ser, saltará también las fronteras que erigimos entre nosotros, los hombres: las fronteras entre pobres y ricos, entre judíos y griegos, entre varones y mujeres, entre viejos y jóvenes, entre unas culturas y otras. Ya no tendremos necesidad de deslindarnos de quienes piensan de forma distinta que nosotros. Les desearemos la paz que sentimos en nuestro corazón.

SOLO CUANDO lo extraño que hay en nosotros haya sido pacificado, solo entonces emanará de nosotros una paz que envuelva también a lo exteriormente extraño y a los extraños que viven en nuestro entorno.

PREGÚNTATE SIEMPRE: ¿cuándo es tiempo de luchar? ¿Y cuándo es tiempo de sellar la paz? Presta atención a tu interior: allí donde sientas paz en lo hondo de tu corazón, allí encontrarás lo oportuno.

PERDONAR

PERDONANDO me libero de la energía negativa que todavía queda en mí a consecuencia de la ofensa. Si no perdono, sigo estando atado al otro, él continúa teniendo poder sobre mí. El perdón es liberación del poder del otro. Me desprendo de la ofensa, se la entrego al otro. Me libero de ella. Me sacudo las cadenas que me hacen dar vueltas sin cesar a la ofensa. El perdón forma parte de la higiene del alma. Y siempre es posible, aunque a menudo solo se concreta después de un prolongado y doloroso proceso.

EL PERDÓN, lejos de ser pasivo, es un acto activo por el que me libero de la energía negativa que a través del otro todavía opera en mí. El perdón me hace bien a mí mismo. Si no puedo perdonar a quien me ha ofendido, sigo atado a él. Entonces, el otro todavía determina mi estado de ánimo. En el perdón me libero del poder del otro. Vuelvo a estar centrado en mí. Y, puesto que también me he perdonado, recupero la armonía conmigo mismo.

EL PERDÓN de Dios quiere capacitarnos para perdonarnos a nosotros mismos y perdonar a los demás.

NO TE DEJES paralizar por tus errores y debilidades. Contémplalos, no los reprimas, acepta que eres falible y trabaja para subsanar tus debilidades. Pero no te obsesiones con ellas. Haz lo posible por desasirte de ellas. Si Dios te perdona, también tú puedes perdonarte. Sé misericordioso contigo mismo.

QUIETUD

En nosotros hay un espacio al que los demás no tienen acceso con sus expectativas y exigencias. Allí tampoco tienen acceso los juicios condenatorios que hacemos sobre nosotros mismos. Ese espacio es el espacio de la quietud, en el que Dios habita dentro de nosotros. Allí donde Dios reina en nosotros (eso es lo que significa el «reino de Dios» que nos anuncia Jesús), allí estamos libres del dominio de los hombres. Allí somos auténticos, allí somos enteramente nosotros mismos. Este yo verdadero y no adulterado no es posible describirlo con más detalle. Tan solo podemos intuirlo.

Necesitamos la quietud para entrar en contacto con la felicidad que dormita en nosotros, en el fondo de nuestro corazón. Si siempre estamos en movimiento, nunca percibiremos esa felicidad en nosotros. Es como un mar. Solo cuando está por completo en calma, se refleja en él la belleza del mundo. Solo cuando nos detenemos se refleja en nosotros la gloria que nos envuelve. Entonces experimentamos la alegría que late en nuestro interior.

Quien no entra en contacto consigo mismo, quien no está centrado, se deja determinar desde fuera. Las numerosas influencias del exterior le hacen enfermar. Para llegar a ser nosotros mismos y estar por entero en lo que vivimos, necesitamos quietud. Solo así nos resultará posible una vida digna.

En la quietud compartida surge una fuerza de la que uno se alimenta y por la que se siente fortalecido. La quietud es como un lazo que mantiene todo unido.

Únicamente haciendo un alto seré capaz de preguntarme: ¿sobre qué base puedo construir mi vida? ¿Sobre las personas y su cariño? Las personas tan solo nos ofrecen un terreno relativamente firme. En todo aquello a lo que miro, termino tropezando con un fundamento último sobre el que puedo levantar el edificio de mi vida: Dios. Jesús nos exhorta a edificar nuestra casa sobre la roca de sus palabras, no sobre la arena de nuestras ilusiones, por ejemplo, sobre la ilusión de que podríamos vivir de la aprobación y el cariño de las personas. Así pues, para poder encontrar un terreno firme debemos salirnos del tiempo.

Cuando me adentro en la quietud y escucho mi interior, al principio oigo multitud de voces. Lo primero que pienso es «no puedo fiarme de ellas». Pero cuando se disipan estas voces, cuando cesa su algarabía, otras voces más quedas devienen audibles en mí. En esos silenciosos impulsos de mi alma percibo una armonía interior. Y entonces pienso: «de estos suaves impulsos sí que puedo fiarme». Primero se los presento a Dios, para asegurarme en la oración de que no me estoy engañando. En la oración me percato de nuevo de la índole de estas quedas voces que escucho en mi hondón. Me dejo llevar por el sabor de lo que significan para mí. Si me conducen a una vitalidad mayor, a una libertad mayor, a una paz mayor, a un amor más intenso, eso quiere decir que proceden de Dios. Y entonces puedo confiar en ellas.

En el espacio de la quietud, en el que no penetra ningún pensamiento humano, Dios habita en nosotros. Y en ocasiones podemos notar su presencia. Entonces estamos en completa armonía con nuestro ser. En ese instante nos olvidamos de nosotros mismos. No reflexionamos sobre nuestra experiencia, sino que sencillamente existimos. Y en la medida en que existimos, estamos en Dios y Dios está en nosotros.

SOLO LLEGAMOS a nosotros mismos cuando nos sosegamos, cuando impedimos que las influencias externas perturbadoras ejerzan su efecto sobre nosotros. Precisamos la quietud para llegar a ser nosotros mismos, para estar por entero en lo que somos.

Pero a menudo no encontramos este sosiego. Depende de nosotros encontrarlo o no. La experiencia de quietud no es algo que pueda darse por descontado en nuestro mundo vital. Tenemos que esforzarnos por encontrarla y experimentarla. La experiencia de la quietud se halla ligada a determinadas condiciones. La primera de ellas es hacer un alto.

EN LA QUIETUD me encuentro con mi propia verdad. Y ese encuentro no es siempre agradable. Solo lo puedo aguantar si dejo de juzgarme a mí mismo. Si me limito a percibir lo que hay en mí, puedo tolerarlo y reconciliarme con ello. En el encuentro con el Dios que me acepta de forma incondicional puedo soportar la quietud. Si me confrontara sin piedad solo conmigo mismo, probablemente huiría. Me resultaría difícil resistir la quietud.

LA QUIETUD NO TENGO que crearla yo. Ya existe. Cuando camino por un bosque, lejos de calles y carreteras, me rodea la quietud. No tengo más que percibirla. Entonces me envuelve sanadoramente y también mi alma puede serenarse.

RECONCILIACIÓN

ESTOY RECONCILIADO con el otro cuando ya no tengo nada contra él. Eso también representa siempre un alivio para mí. Pues mientras no estoy reconciliado sigo atado al otro, sigo concediéndole poder sobre mí. Su energía negativa continúa fluyendo hacia mi interior. La reconciliación me libera de esa energía negativa. Sana la herida que todavía existe en mí y me regala paz interior.

NO PODEMOS elegir qué huella imprimimos en la vida. Pero si nos reconciliamos con nuestra vida y la vivimos conscientemente en su grandeza como en su debilidad, de nosotros nace un rastro que invita a la vida también a otros.

RELACIÓN

La felicidad a la que me aferro, la felicidad que reservo para mí solo, no es verdadera felicidad. Una felicidad que no se puede compartir con otras personas es demasiado pequeña para hacernos realmente felices.

Dar y tomar deben estar equilibrados en una relación. Si uno es siempre el único que da, antes o después se sentirá utilizado. Y quien toma se volverá cada vez más pasivo y menos imaginativo. Solo si ambos dan y toman surge una convivencia que, lejos de limitar, fecunda.

De lo que en realidad se trata en nuestra vida es de ser capaces de vivir nuestra propia vida, a fin de que se convierta en una fuente nutricia para otros.

Quien se mira a sí mismo y mira a los demás con indulgencia y bondad apuesta por el bien. Y crea el bien: porque lo reconoce en cada persona, lo atrae hacia el exterior.

Los límites generan claridad en la relación y, por ende, libertad. La razón decisiva por la que nos resulta tan difícil establecer límites radica probablemente en el miedo a perder el cariño del que disfrutamos, a perturbar o incluso romper una relación, a ser rechazados. En realidad, ocurre justo lo contrario: la afirmación de los propios límites crea relaciones sanas. Los límites generan claridad en la relación y, por ende, libertad.

En toda relación existen fases de mayor cercanía y otras de mayor distanciamiento. Cuando la relación resulta difícil, ello es quizá una invitación a poner algo más de distancia y a hacer antes de nada algo por uno mismo, a tratarse bien uno mismo. Quizá entonces el otro sienta curiosidad por mí y por mi evolución. Y hará también algo por sí mismo. Pero si yo siempre expreso mi opinión de que el otro debe trabajar de una vez en sí, a fin de que nuestra relación pueda funcionar, no haré más que suscitar resistencia en él. Y la relación se tornará más y más difícil.

En lo que experimentamos del otro reconocemos una referencia al amor absoluto. Y así, la relación con otra persona nos mantiene vivos en nuestro camino hacia ese amor absoluto que no es sino Dios. De ahí que la relación con Dios represente una gran ayuda de cara al funcionamiento de mi relación con los demás.

Transmite lo que tienes. Exterioriza tu capacidad. Confía en tu propia valía, descubre tus posibilidades y permite que también otros participen de ellas. Entonces, la vida que mana de tu fuente podrá servir de ayuda a los demás.

RESPONSABILIDAD

Somos responsables de este mundo. No podemos explotarlo, sino que debemos protegerlo y cuidarlo de tal modo que también las generaciones futuras puedan vivir bien en él. Así pues, la pregunta de si el mundo es o no un buen lugar es una pregunta dirigida también a nosotros. No en vano que el mundo sea o no un buen lugar para nuestros descendientes depende sobre todo de en qué estado se lo dejemos.

En mi opinión, una vida lograda y llena de sentido requiere que la persona tome las riendas de su vida e intente configurarla de modo tal que sea fructífera. Quien asume la responsabilidad y hace algo porque siente que eso es necesario y correcto experimentará mayor placer en lo que hace que quien se deja asignar una tarea desde fuera. No se sentirá abrumado por una carga, sino que será obsequiado en abundancia.

Dirigir significa asumir una responsabilidad por el conjunto y utilizar el poder que uno tiene para suscitar vida en los colaboradores y trabajadores. En último término, dirigir quiere decir servir. No siempre es agradable.

La responsabilidad que asumo por otros no es para mí una carga, sino algo que me mantiene vivo. Sin embargo, no quito a los demás sus cargas. Tener responsabilidad no significa que sea competencia mía que al otro le vaya bien. De eso debe ocuparse él mismo. Yo únicamente puedo acompañarlo y buscar con él un camino que le permita seguir avanzado.

RITOS

LOS RITOS ORDENAN la realidad, activan energías, instituyen sentido y suscitan en mí el sentimiento de que soy yo quien lleva las riendas de mi vida, no otros. Deberíamos tomarnos tiempo para ello. A mí me gusta empezar el día de esta manera: tomándome tiempo para la oración y la meditación. No lo hago por un sentimiento de obligación, sino porque me merezco darle a mi día un toque especial. Y a través del rito me entran ganas de vivir el día que comienza y, por tanto, aflora en mí la fuerza necesaria para ello. Hoy imprimiré la huella de mi vida en este día. Responder a las expectativas de otros y soportar cargas no lo es todo. Yo mismo configuro este día. Por medio de mi ser conformaré en parte este mundo y lo colmaré de amor.

SAGRADO ES LO QUE se sustrae al mundo. El tiempo sagrado te pertenece a ti y le pertenece a Dios. Nadie más puede –ni está legitimado para– servirse de él. Puedes disfrutar de este tiempo sagrado y, de ese modo, entrar en contacto contigo mismo. Los ritos te regalan un tiempo sagrado que te pertenece y sobre el que nadie puede disponer. En este tiempo sagrado puedes respirar hondo. Entonces te percibes a ti mismo y desaparece toda la presión procedente del exterior.

SABIDURÍA

TAMBIÉN LA SABIDURÍA anhela saber cada vez más. Pero contiene en sí una medida que muestra si el saber le es o no de utilidad al ser humano y si se corresponde o no con la esencia de la creación y del misterio de Dios.

SABIDURÍA no es lo mismo que saber exacto. La sabiduría se interroga por las razones profundas de la existencia y es apertura al misterio del ser.

EL AMOR se convierte para el ser humano en ojo que le permite ver. Quien cree y ama es verdaderamente sabio. Ve la realidad tal cual es.

SABIAS SON LAS PERSONAS que se han reconciliado consigo mismas, que han aprendido a encontrar sabor en sí mismas y en su fragilidad, a reconciliarse con su biografía. Una persona así no necesita ya demostrarse nada a sí misma ni tampoco demostrar nada a los demás. La sabiduría tiene que ver siempre con la quietud. Irradia desde la persona. En la proximidad de una persona sabia, nosotros mismos vemos de forma más profunda, nos asomamos a las entretelas de nuestra alma y reconocemos las conexiones de nuestra vida.

SALVACIÓN

La salvación empieza aquí, en esta vida. En los relatos sobre Jesús se cuenta que él ha venido para salvarnos, para redimirnos, para sanarnos, aquí, en nuestra vida. Jesús cura enfermos, consuela a los abatidos, perdona los pecados a los pecadores e infunde coraje para vivir a personas que han tirado la toalla. Esto muestra que experimentamos la salvación como algo sanador y liberador aquí, en nuestra vida.

Aunque no estemos gravemente enfermos ni suframos bajo el peso de un duro destino, siempre nos experimentamos como seres finitos cuya vida se halla amenazada por la muerte. Jesús no ha venido solamente a hacer que las cosas nos vayan mejor aquí. La salvación que él obra incluye la muerte. Ni siquiera en ese trance último nos abandonará Jesús, sino que atravesaremos en su compañía la puerta hacia la vida eterna. Él nos ha precedido en su muerte, a fin de liberarnos del miedo a la muerte.

La salvación es concreta. Esto quiere decir que ya aquí, en mi vida, experimento sin cesar liberación, resolución de crispaciones y endurecimientos. Si me sé amado incondicionalmente, quedo libre de la obligación de demostrar de continuo mi valía mediante logros meritorios. En mí a menudo late un juez inclemente que me machaca cuando cometo algún error. Salvación significa quedar liberado de ese juez interior y aceptarme a mí mismo, porque he experimentado el perdón de Dios. Salvación quiere decir para mí: al mirar a aquel que ha muerto por mí en la cruz, quedo libre de toda desvalorización de mi propia persona. Soy valioso. Porque el Hijo de Dios ha muerto también por mí. Puedo liberarme de todo el egocéntrico dar vueltas en torno a mí mismo. Noto que en Jesús se hace visible un amor que también a mí me libera -y me capacita- para el amor. Así pues, la salvación transforma mi vida aquí y ahora.

EN LA MUERTE se rompen todas las cadenas. Entonces seré del todo libre y auténtico, no seré más que puro amor. Seré para siempre uno con Dios y conmigo mismo y con todas las personas a las que alguna vez haya amado. Ahí, en el límite con Dios, experimentaré al mismo tiempo cómo Dios elimina todo límite. La esperanza en la salvación definitiva no comporta pasar por alto este mundo. Antes al contrario, la esperanza tiene aquí y ahora fuerza redentora. Pues ya aquí me libera de todo miedo y me permite, por tanto, vivir de otra manera el presente y mi vida diaria. Soy libre para actuar yo mismo de forma liberadora y para acercarme a los demás con vistas a sanarlos. Estoy en condiciones de romper las cadenas de otras personas y de introducir en el mundo amor liberador.

ALLÍ donde mayor oscuridad reina, allí es donde con más fuerza resplandece la luz de Dios. La redención no consiste en la eliminación de todos nuestros miedos, sino en la liberación de la estrechez de nuestro corazón en medio del miedo.

SATISFACCIÓN

DE UNA PERSONA decimos que se encuentra satisfecha si se halla en paz consigo misma. Este estado se asemeja a la felicidad. Me siento conforme con la persona que soy, estoy en paz conmigo mismo y con todo lo contradictorio que hay en mí. Esta clase de satisfacción va estrechamente ligada a la gratitud. Estoy agradecido por lo que tengo y por lo que soy. Estoy en armonía con quien me ha creado tal como soy. Y estoy agradecido por lo que él me exige en mi vida y por aquello de lo que me cree capaz.

LA SATISFACCIÓN puede ser asimismo una actitud que me haga darme por contento precipitadamente. Esa es entonces la actitud de la saciedad, la actitud de la persona autosatisfecha que no permite ya que nada la afecte. Eso lleva entonces al anquilosamiento. Esas personas autosatisfechas se aíslan frente a toda crítica. Nos da la impresión de que ellas lo saben todo mejor. No son capaces de entusiasmarse por nada y tampoco se dejan cuestionar por nada.

HAY PERSONAS que se dan por contentas con lo alcanzado, porque no tienen coraje para seguir adelante y confiar en la propia vocación o en las propias fuerzas. Las personas que viven con semejante resignación, sin anhelo ni afán de cambio, se limitan a la pequeña realidad que conocen. Se les han olvidado el asombro y la esperanza. De ahí que no estén abiertas a lo grande de lo que Dios cree capaz al ser humano, incluso en tiempos que, vistos desde fuera, no parecen precisamente radiantes ni de color de rosa.

SENCILLEZ

VIVIR CON SENCILLEZ significa vivir en armonía con uno mismo, no seguir reglas de vida complicadas, *existir* sencillamente. Para los monjes primitivos, el arte de vivir consistía en la simplicidad y la sencillez: contentarse con poco, estar abierto a lo que existe justo en este momento. Pero en la palabra «sencillo» resuena el anhelo de ser uno. Para los místicos alemanes, la sencillez denota la pureza de corazón.

VIVIR CON SENCILLEZ significa también poder vivir y disfrutar de la vida desbordando alegría y pasión. Toda simplificación pasa por la pregunta «¿qué es lo esencial de la vida?». Lo importante es existir sin más, que la vida fluya. Puedo sencillamente existir, no necesito viajar a todas partes. Basta con un paseo en el que me haga del todo presente. Si paseo por el bosque, todos los sentidos son interpelados. Ahí *vivo* sin más. Lo importante es liberar la vida de lo exterior y, de ese modo, simplificarla.

VIVIR CON SENCILLEZ quiere decir ser diáfano, estar en armonía con uno mismo, sin segundas intenciones, sin ningún tipo de trucos, sin mirar de continuo a los demás preguntándose: «¿Qué pensarán de mí?». El sencillo estar por entero en el instante tiene que ver con la libertad: ser libre respecto de los juicios y expectativas de los demás.

SENTIDO

La ciencia puede explicarnos el mundo. Pero es incapaz de transmitirnos sentido. Y sin sentido nos resulta imposible vivir. Necesitamos poder confiar en algo que realmente dé sentido a nuestra vida.

El sentido que le doy a mi vida en conjunto y a las distintas situaciones concretas es algo de lo que extraigo fuerza y que fecunda y refresca mi vida. Si no percibo sentido alguno, pierdo el contacto con esa fuente. Vago sin meta, sin descubrir las posibilidades dadoras de vida que brotan justo a mis pies.

La meta que debemos perseguir en nuestra vida no consiste en este o aquel logro, sino en un ser, en una misión.

Pregúntate siempre cuál podría ser tu personalísima misión. Intenta describir el sentido que tiene tu vida. Es la razón decisiva de que mane la fuente interior.

Para mí, el sentido de la vida consiste, por una parte, en vivir la vida singular que Dios ha pensado para cada uno de nosotros. Pero, por otra parte, también debemos descubrir un sentido en nuestra acción. ¿Por qué me levanto cada mañana y me obligo a empezar a trabajar, a comprometerme en favor de las personas?

Decídete en favor de la meta de tu vida. Una meta así, que te propones a conciencia, agrupa tus fuerzas y te confiere claridad y una nueva perseverancia.

De mi interpretación depende cómo me sienta y cómo experimente mi vida. Estén como estén las cosas a mi alrededor, me siento agradecido por estar en el mundo. Y percibo mi valor: soy único, porque solo de mí se ha hecho Dios la imagen que tengo en mi interior. Y así, me atrevo a afirmar: no es pura casualidad que yo esté en el mundo. Con imágenes propias de la Biblia puedo decir: he sido creado y formado por Dios. Él me ha llamado por mi nombre. Me ha inscrito en su mano. Eso me hace ser especial. Y me permite aplicarme de modo totalmente personal sus palabras: «No temas, porque yo te redimí, te puse nombre, mío eres tú» (Is 43,1).

Toda religión abriga la convicción de que el sentido de la vida humana consiste en reconocer el fundamento de la vida, alabar a Dios, orientar la propia existencia conforme a la voluntad divina y preservar el orden de la creación o cosmos al igual que el orden de los preceptos divinos. Algunas religiones no conciben a Dios tanto como legislador cuanto como fundamento de todo ser. Pero también para ellas es importante trascender lo terreno y relacionarse con lo divino o lo santo.

La meta de mi vida en la tierra es hacerme más y más permeable al Espíritu de Dios, tal como fue revelado en Jesús. O dicho de otra forma: la meta es que mi ego deje de desfigurar la originaria y auténtica imagen de Dios que hay en mí. Confío en que mi vida se convierta en bendición para otros, en que yo mismo pueda devenir bendición si ceso de dar vueltas de manera egoísta a mi éxito personal y de estar obsesionado con la impresión que pueda producir a los demás. Solo así seré realmente libre. Pues entonces estaré de verdad en condiciones de amar sin mirar de soslayo a la impresión que causa mi amor.

¿PARA QUÉ estamos en el mundo? La respuesta a esta gran pregunta es muy sencilla: nuestra tarea consiste en hacer con nuestra persona un poco más luminosa, más cálida, más humana la vida en el mundo.

SERENIDAD

UNA PERSONA SERENA es como un árbol que, a pesar de ser mecido de aquí para allá por el viento, permanece firmemente asentado en la tierra. Descansa en sí mismo. Ninguna crisis puede causarle daño. Siempre que veo un árbol viejo y firmemente arraigado, percibo algo de la fuerza que también irradian las personas serenas. Y ante tal visión pienso que las crisis también pueden comunicar fuerza.

LA SERENIDAD es un arte que a nadie le cae del cielo. Un arte tiene que ser aprendido. A menudo eso no resulta fácil en absoluto. Suena extraño que haya que hacer algo para alcanzar serenidad. Y es que no se trata tanto de un hacer como de un abstenerse. Pero el verdadero arte consiste justo en ejercitar el abstenerse en el hacer.

LA ATENCIÓN y la vigilancia no comportan que debamos limitarnos a esperar lo que venga. La vigilancia no es una huida de la realidad, sino un entregarse a lo que acontece justo ahora. El amor al instante requiere como condición previa la serenidad. Debo haberme desasido de mi ego, para así ser libre, para estar del todo presente.

LA SERENIDAD es una virtud cristiana que encaja perfectamente con la disposición a entregarse a la realidad tal cual es. Es lo contrario de una renuncia al mundo, a la que el curso de las cosas y el destino del mundo le resultan indiferentes y que no se deja conmover por los apuros de los demás. Pero la serenidad de la que hablamos es también lo contrario de la pasión obstinada, que corre peligro de caer en el extremo del fanatismo y la violencia. Aunque «serenidad» significa ser capaz de desasirse y no aferrarse a las metas cuando estas resultan ser inalcanzables, eso no quiere decir que con ello deba morir también el anhelo ni que el sueño de un mundo mejor se esfume sin más.

Si estás sereno, puedes hacerte del todo presente. Si estás sereno, puedes disfrutar del instante. Si estás sereno, te hallas libre de toda presión. No tienes por qué vivir todas las experiencias posibles. Experimentas la vida en plenitud. Y te darás cuenta de que eso es el no va más.

Regocíjate con lo que es. Introdúcete en las cosas. Escucha lo que te dicen. Mira el paisaje sin querer apresarlo en el cuadro. Contempla la realidad sin reconfigurarla. Percibe lo que es y déjale ser tal cual es.

Mantén la serenidad y vivirás nuevas experiencias. Sentirás una profunda paz interior. Percibirás la belleza en todo. Descubrirás las conexiones intrínsecas. Y cada vez estarás más libre de presión, de la necesidad de cambiarlo todo conforme a tus ideas. Deja las cosas tal como son. Desásete de tus ideas. Entonces florecerán las cosas.

SEXUALIDAD

La sexualidad es capaz de fascinar a la persona, pero también puede hacerle daño. Las personas padecen hoy a causa de la sexualidad no porque la Iglesia se la prohíba, sino porque ellos, precisamente también en la sexualidad, reciben profundas heridas. De ahí que toda espiritualidad sana deba describir la realidad tal cual es. No pretende colocar el sufrimiento en el centro. Pero tampoco lo obvia. Pues solo viendo nuestro anhelo de placer y felicidad sobre el trasfondo de nuestra a menudo frágil existencia encontramos el camino hacia la verdadera felicidad sin cerrar los ojos a aquello que de por sí la amenaza.

La sexualidad solo puede ser vivida como algo venturoso allí donde se experimenta seguridad, compromiso, aceptación y fidelidad.

La sexualidad y la agresividad son las más importantes energías vitales de la persona. Cuando estas dos energías son bloqueadas, la persona se torna depresiva y anquilosada. En efecto, la sexualidad es anhelo de éxtasis y de olvido de uno mismo. Por algo utilizan siempre los místicos un lenguaje erótico. En su sentido originario, la agresividad es asimismo una fuerza del todo positiva: coger el toro por los cuernos, hacerse respetar. Si falta el trato natural con estas fuerzas, la persona cae en la depresión.

Si somos conscientes de la apertura de la sexualidad a la trascendencia, podemos vivirla de forma que no nos abrume ni abrume a nuestra pareja. La sexualidad solo puede ser vivida de modo beneficioso para el hombre y la mujer y capaz de llevar una y otra vez a experiencias venturosas si es desplazada de su posición de monopolio. En una sexualidad lograda, el hombre y la mujer se sienten unidos. Entonces perciben una dimensión de armonía, de olvido de sí y entrega, que por un instante aquieta su anhelo de vida plena y felicidad. Pero tal anhelo no puede ser saciado de una vez por todas. Antes bien, cada nueva experiencia venturosa en el terreno sexual lo vuelve a suscitar. Este anhelo solo puedo vivirlo adecuadamente si no lo dirijo a la sexualidad en exclusiva, sino, más allá de ella, a la única realidad que puede colmar para siempre el anhelo de éxtasis.

SILENCIO

El ruido es como la suciedad y el polvo. El silencio es como un baño para el alma. No solo necesitamos higiene para el cuerpo, sino asimismo para el alma. Y no hay mejor remedio, ni baño purificador más intenso, que el silencio.

A quien habla sin parar se le escapa su propia energía interior. El silencio es como cerrar la puerta para que el rescoldo que hay en mi interior no se apague, para que la fuente de energía que mana en mí no se agote.

Solo cuando callas puedes hacerte del todo presente en el instante. En cuanto empiezas a pensar, reflexionas sobre esto o aquello y abandonas el instante presente. Disfruta el silencio que el ángel te concede e intenta percibir al Dios que desea colmar tu silencio con su amor.

SOLEDAD

LA SOLEDAD es siempre ambas cosas: por una parte, oportunidad de profundizar en el propio corazón, en la propia alma, y, por otra, dolor por el hecho de estar uno solo. De ahí que también haya que deplorar la soledad y soportar el dolor. Entonces, a través del dolor de la tristeza, penetro en el fundamento de mi alma. Allí experimento una nueva profundidad. Y en esta profundidad me siento conforme conmigo mismo y con mi vida.

LA SOLEDAD puede ser también una oportunidad para hacer lo que justo en este instante me hace bien; para disfrutar; para, por una vez, no tener que dar nada, sino poder existir sin más.

SOLIDARIDAD

NUESTRO BIENESTAR no puede subsistir al margen del bienestar del otro. El sentimiento de comunidad, la pertenencia a la sociedad humana, solo los puede vivir quien es solidario.

NO DEBEMOS buscar el sufrimiento ni tampoco atraerlo hacia nosotros; más bien, debemos combatir el sufrimiento que existe en el mundo.

SÉ BENÉVOLO contigo mismo y abre tu corazón a los demás. No siempre resulta fácil tratarse bien a uno mismo y abrir el corazón a otros. Pero son dos caras de una misma realidad. Si logras mantener el equilibrio entre ambos aspectos, tu vida puede ser un éxito.

EN LA ORACIÓN me muestro solidario con quienes sufren. Siento compasión por ellos sin exigirme a mí mismo más de la cuenta. Mi impotencia fluye hacia la oración y se transforma en confianza en que Dios envía un ángel fortalecedor y consolador a las personas sufrientes o bien transforma el sufrimiento.

SI ABRO mi corazón porque el otro me interesa, porque percibo su necesidad, porque siento empatía con él, porque me gustaría ayudarle, seré recompensado en abundancia. A través de mí, alguien cobra más vida. Eso suscita en mí un sentimiento de gratitud y alegría.

QUIEN TOMA CONCIENCIA DE SU POBREZA trata de otro modo a los pobres que encuentra ante la puerta de su casa. La represión de la pobreza social se debe a que muchas personas reprimen su propia pobreza. Cierran los ojos ante las personas desgarradas y desesperadas que hay cerca de ellas, porque en esas personas tendrían que mirar cara a cara a su propia desgarradura y su propia desesperación. Se niegan a percibir la pobreza que existe en su entorno, ya que esta les recuerda su pobreza personal.

SI NO ATENDEMOS a la integración de la pobreza interior, nos convertimos fácilmente en moralistas que crean mala conciencia a todo aquel que algo posee y le exhortan a dar su dinero a los pobres. Si nuestra ayuda a los pobres se queda solo en lo exterior, utilizamos al pobre como objeto para tranquilizar nuestra mala conciencia. Pero en realidad no lo ayudamos. No lo acogemos en nuestro hogar interior. Si acogemos al pobre también en nuestro corazón, entonces nuestra ayuda exterior lo pondrá en pie.

SOÑAR

NO ES CIERTO aquello de que los sueños sueños son. Los sueños nos revelan algo esencial de nuestra alma. Pero los sueños solo podemos hacerlos realidad si estamos dispuestos a despertar y a confrontarnos con la realidad tal cual es.

LOS SUEÑOS NO se pueden forzar. Son un don de Dios. En el sueño se ensancha el mundo para mí. Entonces me sumerjo en el fundamento divino. Veo lo que se esconde detrás del mundo. Se me revela el misterio del mundo.

HAY SUEÑOS en los que me confronto con mi propia verdad, pero en ocasiones se trata también de sueños religiosos y numinosos en los que resplandece una luz o Dios se dirige a mí. Los sueños me muestran que lo que cuenta no es solo vivir correctamente, sino también permitir que se despliegue la riqueza y amplitud de mi alma, dejarme conducir una y otra vez por Dios a mi propio camino.

SUFRIMIENTO

TODO SUFRIMIENTO me muestra que no se puede dar por sentado que la vida vaya a salir bien, que yo vaya a permanecer sano y a estar protegido, que vaya a reinar la paz en lugar de haber guerra, que yo vaya a disfrutar de tranquilidad en vez de caer en manos de terroristas o de cualquier loco homicida. Así, el sufrimiento que veo se convierte en una meditación sobre el misterio de mi vida y, en el fondo, también en una pregunta por Dios. A la vista de tal sufrimiento, ¿cómo puedo creer en Dios? ¿Y de qué manera debe transformarse mi imagen de Dios, de suerte que realmente pueda creer en él sin traicionar a mi razón ni a mi corazón?

DEPENDE DE MÍ dar un sentido u otro al sufrimiento. Un popular patrón interpretativo es el del castigo. Pero si interpreto el sufrimiento como castigo, no puedo afrontarlo debidamente. Entonces me siento castigado. Enseguida busco la culpa en mí. Lo cual me hunde aún más y acrecienta mi sufrimiento. Así pues, debo prescindir de este patrón. Otro modelo interpretativo es el que concibe el sufrimiento como reto. Aunque no puedo decir que Dios me envía el sufrimiento para ponerme a prueba, sí que puedo aceptar el sufrimiento como un reto personal: a no sucumbir, a oponer resistencia al sufrimiento, a luchar y, a despecho de todo, seguir recorriendo mi camino.

Solo quien entiende e interpreta adecuadamente su sufrimiento está en condiciones de soportarlo. La fe es una importante ayuda para aguantar el sufrimiento sin derrumbarse bajo su peso. Si me sé sostenido y llevado por Dios en mi sufrimiento, y en medio de ese sufrimiento experimento el espacio interior en el que Dios habita en mí, entonces el sufrimiento no puede entrar ahí. No puede destruirme.

En la oración nos es dado vislumbrar en nosotros el espacio de la quietud en el que también el sufrimiento del mundo se acalla. Este espacio de quietud no constituye una huida del mundo ni una represión, ni tampoco equivale a cerrar los ojos. Más bien es una suerte de refugio frente al sufrimiento. Es el espacio en el que podemos dejar de reflexionar y cavilar sobre el sufrimiento, porque ahí la realidad de Dios es tan poderosa que todo lo demás enmudece.

TIEMPO

Quien quiera vivir debe tomarse tiempo. Sin tiempo no hay vida. La vida se realiza en el tiempo. Y solo quien se deja llevar por el ritmo de tiempo adecuado para él se acompasa con la vida que mejor le cuadra.

Matamos el tiempo para no tener que encontrarnos con la muerte. Nos gustaría no percatarnos del tiempo, porque, junto con el paso del tiempo, nos damos cuenta también de su limitación. Pero solo quien se confronta con la muerte percibe y experimenta el tiempo de forma consciente. Solo quien percibe la muerte logra tener experiencia del tiempo vivo. Si reprimimos la muerte, el tiempo muere.

Si el tiempo no es mi adversario, sino mi amigo, lo viviré de otra manera.

Estoy por entero en el tiempo. Disfruto el instante. Estoy precisamente en lo que hago, sin mirar el reloj y sin preguntarme qué es lo que me espera en el próximo minuto. Quien percibe y experimenta así su tiempo no se siente desgarrado. Está siempre justamente allí donde se encuentra, justo en el instante en el que ahora vive. Si vivo así, disfruto el tiempo. Y, aun cuando tenga mucho que hacer, no estoy escindido ni acelerado. Hago una cosa después de otra. Pero ahora, en este instante, me centro en lo que estoy haciendo. Y eso lo hago a fondo.

En la medida en que me doy tiempo, escapo del dominio del tiempo. Percibo el tiempo. Lo disfruto. El tiempo me es regalado. Eludo la presión de todo lo que todavía he de hacer en tan corto lapso de tiempo. Dejo que el tiempo fluya y lo percibo. El tiempo es siempre tiempo regalado, tiempo que pertenece a Dios y que me pertenece a mí, tiempo en el que me pertenezco a mí mismo y pertenezco a mi verdadero yo.

Saluda al tiempo por la mañana. Hoy te será regalado. Tómate siempre tiempo para ti mismo. Y trata con cuidado a tu tiempo. Déjalo fluir. Percíbelo. Siente su misterio.

TRABAJO

NO DEBO definirme a mí mismo por mi trabajo. El trabajo es bello. Puedo entregarme a él. Así me siento vivo. Pero también necesito una distancia interior respecto del trabajo. Siempre debo ser consciente de cuál es la verdadera meta de mi vida. Y esta no consiste en rendir al máximo, sino en inscribir en este mundo mi huella vital, del todo personal. Para descubrir esa huella, necesito tiempo y quietud.

LA META de la vida no es trabajar cuanto sea posible, sino vivir. Pero vivir no significa tener el mayor número posible de experiencias y, después del trabajo, dedicarse a la diversión. Vivir significa estar por entero en el instante, hacer lo que se corresponde con el corazón: percibir lo que es y, así, descubrir el misterio de la vida.

SI EL TRABAJO fluye de la fuente del Espíritu divino, puedo trabajar mucho sin agotarme. Y mi trabajo tiene entonces algo lúdico, no la dureza y agresividad que irradian los adictos al trabajo. Quien trabaja alimentándose de una fuente turbia, de la fuente de su ambición, su perfeccionismo o su adicción al trabajo, contamina con sus necesidades reprimidas todo lo que lo rodea. Si observo mis sentimientos y mi cuerpo mientras trabajo, puedo percatarme de cuál es la fuente de la que se nutre mi trabajo.

POR MUCHO QUE trabaje, en el fondo no puedo cambiar este mundo. Por mucho que aproveche el tiempo, no tengo poder sobre él. Dios siempre puede enviarme un periodo de enfermedad. Entonces no me queda más remedio que arrojar por la borda todos los planes que me he confeccionado. El tiempo no está en mi mano. Solo si lo tomo de manos de Dios, con la índole que él le confiere, llegará a ser un tiempo bueno, saludable y salutífero, un tiempo en el que podré tener experiencia de la eternidad.

PODEMOS trabajar por encima de nuestra medida durante un tiempo, pero no de continuo. De lo contrario, el exceso de esfuerzo nos pasará factura.

QUIEN NUNCA sabe dejar de trabajar muestra que ha perdido la medida de sí mismo.

UNIDAD

TODA PERSONA experimenta una y otra vez en su vida instantes de unidad. Sentado en un banco en época de vacaciones, uno se siente de repente uno consigo mismo y con el mundo, conforme con su vida. En este sentimiento de unidad, la persona también se sabe, en último término, una con Dios. Porque este sentimiento no excluye nada. Se extiende a todos los ámbitos del ser. Tales experiencias de unidad las viven incluso personas que no se definirían a sí mismas como muy religiosas. En ese instante intuyen que su ser se expande más allá de su estrecho yo y roza el misterio del ser.

También cuando, meditando, respiramos acompasados, experimentamos cómo el aliento de Dios nos penetra y cómo, en el compás de la respiración, devenimos uno con el Espíritu divino, que todo lo vivifica en nosotros.

EN LA QUIETUD soy sencillamente uno conmigo mismo. Y en esta unidad me siento al mismo tiempo uno con todo lo que es, uno con la creación, uno con los seres humanos, uno con el fundamento de todo el ser, con Dios. En esta experiencia de unidad, el tiempo se detiene. El tiempo y la eternidad coinciden. Dios y el hombre son uno. El cielo y la tierra se maridan. La quietud posibilita profundos instantes de felicidad.

QUIETUD SIGNIFICA: «Todo puede ser». Somos partícipes del ser. Somos sin más. Somos uno, uno con todo.

EN NUESTRA VIDA no hay posibilidad de regresar al paraíso de la unidad ininterrumpida. Vivimos en una permanente tensión entre cercanía y distancia, entre unidad y separación. El paraíso de la unidad definitiva nos espera solamente una vez que en la muerte hayamos devenido uno con Dios, con nosotros mismos y con los demás.

VALENTÍA

Quien teme a lo desconocido, nunca desarrollará del todo su propia fuerza. Pues solo pondrá a prueba la fuerza que haya percibido hasta ese momento. Su vida permanecerá infecunda. Quien se limita a realizar sus tareas según lo prescrito tampoco será feliz con ello. Tiene, qué duda cabe, una vida cómoda. Pero antes o después se tornará aburrida. Le falta tensión. Al ser humano le es connatural escapar de la estrechez y armarse de valentía para medir sus propias fuerzas. Si así lo hace, no podrá evitar perder en ocasiones. Quien lucha es herido de cuando en cuando.

Para vivir saludablemente, necesitamos el reto de conseguir algo. Quien elude ese desafío y prefiere establecerse en su nido de bienestar interrumpe su desarrollo. Pronto percibirá en sí amargura y emponzoñamiento interior.

Quien recorre un camino espiritual debe dejar tras de sí los estrechos límites de su autolimitación y pusilanimidad y reunir la valentía para ingresar en la amplitud de Dios. Mis límites solo los descubro una vez que los que he traspasado.

VALOR

RECONOZCO mi valor si contemplo el misterio de mi vida. Lo que me hace valioso es que soy persona, que he sido creado y elegido por Dios. Y también me hace valioso el hecho de que en mí hay algo que me pertenece exclusivamente a mí. Nadie más siente como yo siento. Nadie más habla como hablo yo. Nadie respira como yo respiro. No debo ver mi valor solo en lo que consigo. Mis capacidades integran mi valor, pero no lo constituyen. Solo son valiosas en cuanto forman parte de mi singular persona, en la que Dios mismo se expresa.

MI VALOR no consiste en mi utilidad para alguien o para algo. Radica en mi dignidad como persona. Esta dignidad no se pierde cuando envejezco, enfermo o me quedo en el paro. Sin embargo, me gustaría que mi valor se mostrara asimismo en no ser solo valioso para Dios, sino para otras personas.

EL VALOR de los demás radica en su dignidad humana. Si la respeto, eso me hace valioso también a mí. Si desprecio a las personas, siempre desprecio también algo en mí. De ahí que, para vivir uno mismo como persona valiosa, sea necesaria cierta sensibilidad para el valor de los otros.

Un sociedad solo se conserva viva si desarrolla nuevas ideas y si vive los valores que la mantienen unida.

En nuestra alma, con independencia de la educación que hayamos recibido, están grabados los valores. El alma lleva en sí estos valores porque se extiende hasta el inconsciente colectivo. Allí, en el inconsciente colectivo, somos partícipes de las experiencias de generaciones pasadas. Y allí participamos también de los valores que las personas que nos han precedido han experimentado como algo valioso.

Percibir el propio valor libera. La valoración de los demás pierde importancia. Tampoco tú debes juzgar a los demás. Están legitimados para ser como son. Ya sabes: también ellos poseen una dignidad inviolable. Percibes que en ellos resplandece asimismo la gloria de Dios.

Ama tus valores, pero no juzgues a los demás. Intenta experimentar de forma concreta el valor de la frase «Soy la gloria de Dios».

VEJEZ

EL ENVEJECIMIENTO nos invita a dirigir nuestra atención al crecimiento interior. Tenemos valores dentro de nosotros. Como muy tarde a partir de la mitad de la vida, debemos dejar de acumular solo riqueza exterior. Pues esta no nos hará felices. Necesitamos la riqueza interior de nuestra alma, el tesoro que ninguna polilla puede roer, como lo expresó Jesús (cf. Lc 12,33).

LA CONFRONTACIÓN con el envejecimiento siempre es también un desafío espiritual. En último término, solo podemos reconciliarnos con el envejecimiento y el debilitamiento si descubrimos en nosotros un fundamento más profundo. Si Dios habita en nosotros, si Dios domina en nosotros –eso es lo que significa el concepto de reino de Dios–, entonces estamos libres de los criterios del mundo y tenemos todo lo que necesitamos, aunque no seamos capaces ya de rendir nada hacia fuera. Precisamente en la vejez podemos hacernos más y más permeables para Dios. Nuestro envejecimiento adquiere entonces un nuevo sentido: nos permite ser testigos del Dios que vivifica a los muertos, del Dios de la esperanza y del amor.

LA VEJEZ nos plantea determinadas tareas: reconciliarnos con nuestra vida, también con todo lo no vivido, con todo lo no consumado, desasirnos de la fuerza y del éxito y hacernos a la idea de que nuestra vida es limitada. Pensar en la muerte es una invitación a vivir conscientemente en el instante, llenos de agradecimiento por lo que hasta ahora nos ha sido regalado y llenos de confianza en que aun en la vejez tenemos una importante tarea en favor de este mundo: regalarle una irradiación de ternura, sabiduría y serenidad.

LA VEJEZ nos transforma. Rompe lo exterior a fin de que se manifieste lo interior. En nosotros acontece una transformación. Nuestra tarea consiste en permitir que esa metamorfosis tenga lugar en nosotros, en embarcarnos en el proceso de transformación, para que el núcleo y la esencia de nuestra vida salga progresivamente a la luz.

VERDAD

SOLO PUEDES transformarte si contemplas tu propia verdad y te reconcilias con ella. Te despides de tus ilusiones y comienzas a vivir aquí y ahora como siempre has querido, quizá más modestamente. Pero has de ser sincero contigo mismo. Y así, tu vida se convertirá en una bendición para ti y para los demás.

LA LUZ DE DIOS resplandece en todos los abismos de mi alma. Por eso, puedo asomarme incluso a estos abismos sin temor. Si puedo mirar a mi interior sin asustarme, porque la luz de Dios está en mí, entonces ya no me tengo miedo a mí mismo y puedo ser feliz.

EL DESMORONAMIENTO de mis ilusiones hace que se rompa también en pedazos la coraza que he construido a mi alrededor. Y así, quedo abierto a mi propio yo, a la imagen originaria y auténtica que Dios se ha hecho de mí.

VIDA

En esto consiste el arte de vivir: en abandonarse a los procesos de cambio inherentes a la vida. La meta de la transformación es que nos familiaricemos cada vez más con la figura singular y única que Dios ha pensado para nosotros.

«Arte de vivir» quiere decir que, por un lado, nos hacemos más maduros y adultos y, por otro, conservamos el niño interior que hay en nosotros.

Luz y oscuridad, alegría y dolor forman parte de la vida. Solo aceptando estas antítesis y reconciliándome con ellas puedo llegar a una valoración de mi vida que, si bien no me hace aún feliz, tiende los cimientos para poder serlo algún día.

Si vivo con todos los sentidos, si me lanzo a la vida, en mi vitalidad experimentaré asimismo felicidad. La felicidad no se deja atrapar, como tampoco la vida. Esta fluye sin receso. En ocasiones fluye a través de valles oscuros, otras veces se trueca en cascada. También en el dolor hay vida. Y así, toda persona puede tener vislumbres de felicidad: en el dolor que me abre al hermano o la hermana, en la alegría que comparto con otros, en el esfuerzo que realizo para ascender a la cima de una montaña, en la relajación que experimento cuando nado en el mar. Dondequiera que hay verdadera vida, existe también una huella de felicidad.

La vida, con sus altibajos, con sus lados luminosos y sus lados sombríos, con el dolor y la alegría que conlleva, es en sí una maravilla. Siempre resulta fascinante contemplar la vida y, asombrados, dar un paso atrás para rastrear su misterio.

La vida siempre entraña riesgo. Asumo un riesgo en cada encuentro. Me atrevo a salir de mí. O, cuando me decido por esto o aquello, nunca sé de antemano cuál va a ser el resultado. Pero a quien nunca se decide, a quien siempre desea ir sobre seguro, se le termina escapando la vida. El alma de quien deja escapar la vida o se niega a vivirla languidece y se anquilosa.

Nunca es demasiado tarde para empezar a vivir. No necesito recuperar todo el tiempo perdido. La vida no vivida no puede ser recuperada. Pero, si vivo ahora de verdad, lo no vivido se diluye. Se transforma en vida.

YO

El yo es el núcleo más íntimo de la persona, que incluye lo consciente y lo inconsciente y que también ofrece en sí espacio a la realidad divina. De este yo –a diferencia del ego– no me puedo desasir. Mi tarea consiste más bien en acercarme cada vez más a él, en descubrir mi núcleo personal más íntimo y en vivir en consonancia con este.

Un buen ejercicio para descubrir mi yo consiste en lo siguiente: durante un día entero digo con ocasión de todo lo que hago «Soy yo mismo». Entonces caigo en la cuenta de con cuánta frecuencia no soy yo mismo, sino que represento los papeles que otros esperan de mí o que creo que agradarán a los demás.

Si durante un día entero he meditado la frase «Soy yo mismo», quizá me haya acercado a mi yo verdadero. No obstante, este yo no lo puedo ya describir ni identificar con determinadas intenciones de la voluntad. Pero quizá perciba en mi interior una intuición. Una intuición de armonía interior, de consonancia con mi esencia: «Soy yo mismo».

ÍNDICE